PIMEYDESTÄ VALTAAN: 40 päivää
vapautuaksesi pimeyden piilotetusta otteesta

Maailmanlaajuinen hartaus tietoisuudesta, vapautuksesta ja voimasta

Yksilöille, perheille ja kansoille, jotka ovat valmiita olemaan vapaita

Tekijä

Zacharias Godseagle; Ambassador Monday O. Ogbe and Comfort Ladi Ogbe

Sisällysluettelo

Tietoja kirjasta – PIMEYDESTÄ HALLITUKSEEN 1
Takakannen teksti 4
Yhden kappaleen mediamainos (lehdistö/sähköposti/mainosteksti) 5
Omistautuminen 7
Kiitokset 8
Lukijalle 10
Tämän kirjan käyttöohjeet 12
Esipuhe 15
Esipuhe 17
Johdanto 18
LUKU 1: PIMEÄN VALTAKUNNAN ALKUPERÄ 21
LUKU 2: MITEN PIMEÄ VALTAKUNTA TOIMII NYKYÄÄN 24
LUKU 3: ALKUKOHDAT – MITEN IHMISET JÄÄVÄT KOUKKUUN 27
LUKU 4: ILMENNYKSET – OMISTAMISTA PAKKOMMELLE ... 29
LUKU 5: SANAN VOIMA – USKOVIEN AUKTORITEETTI 31
PÄIVÄ 1: VERILINJAT JA PORTIT — PERHEKETJUJEN MURTAMINEN 34
PÄIVÄ 2: UNIEN VALTAUKSET — KUN YÖSTÄ MUUTTUU TAISTELUKENTTÄ 37
PÄIVÄ 3: HENGELLISET PUOLISOT – EPÄPYHÄT LIITOKSET, JOTKA SITOVAT KOHTALOT 40
PÄIVÄ 4: KIROTUT ESINEET – OVET JOTKA SAAPUTTAVAT 43
PÄIVÄ 5: Lumottu ja petetty – vapaudutaan ennustelun hengestä 46
PÄIVÄ 6: SILMÄN PORTIT – PIMEYDEN PORTTIEN SULKEMINEN 49
PÄIVÄ 7: NIMIEN TAKANA PIILOTTUVA VOIMA — EPÄPYHISTÄ IDENTITEETEISTÄ LUOPUMINEN 52
PÄIVÄ 8: VÄÄRÄN VALON PALJASTAMINEN — NEW AGE -ANSAT JA ENKELIEN PETOKSET 55
PÄIVÄ 9: VERIALTTAR – LIITOT, JOTKA VAATIVAT ELÄMÄN 58

PÄIVÄ 10: KARITTOMUUS JA MURTUMINEN – KUN KOHDUSTA MUUTTUU TAISTELUKENTTÄ..................61
PÄIVÄ 11: AUTOIMMUUNIHÄIRIÖT JA KROONINEN VÄSYMYS – NÄKYMÄTÖN SISÄINEN SOTA 64
PÄIVÄ 12: EPILEPSIA JA MIELEN KIDUT – KUN MIELESTÄ MUUTTUU TAISTELUKENTTÄ..................67
PÄIVÄ 13: PELON HENKI — NÄKYMÄTTÖMÄN KIDUN HÄKIN MURKKAAMINEN..................70
PÄIVÄ 14: SAATANALLISET MERKINNÄT — EPÄPYHÄN TUOTANTOMERKIN PYYHKIMISET..................73
PÄIVÄ 15: PEILIMAAILMA — PAKO HEIJASTUSTEN VANKILASTA..................76
PÄIVÄ 16: SANAKIROUSTEN SITEEN MURTAMINEN — NIMESI JA TULEVAISUUTESI TAKAISINVALMISTUS..................80
PÄIVÄ 17: VAPAUTUMINEN KONTROLLISTA JA MANIPULOINNISTA..................84
PÄIVÄ 18: ANTEEKSIANTOMUUDEN JA KATKERUUDEN VOIMAN MURTAMINEN..................87
PÄIVÄ 19: PARANEMINEN HÄPEÄSTÄ JA TUOMIOSTA..................91
PÄIVÄ 20: KOTINOITUUS — KUN PIMEYS ASUU SAMAN KATON ALLA..................94
PÄIVÄ 21: ISEBELIN HENKI — VIETTELY, HALLINTA JA USKONNOLLISET MANIPULOINTI..................97
PÄIVÄ 22: PYTONEJA JA RUKOUKSIA — SUKISTAMISEN HENGEN MURTAMINEN..................101
PÄIVÄ 23: PAHUUDEN VALTAISTUIMET — ALUEELLISTEN LINNOITUSTEN REPÄISEMINEN..................104
PÄIVÄ 24: SIELUNPALAT – KUN OSIA SINUSTA PUUTTUU..107
PÄIVÄ 25: OUDOTTOMIEN LASTEN KIROUS – KUN KOHTALOT VAIHDUVAT SYNTYMÄSSÄ..................110
PÄIVÄ 26: VOIMAN SALATUT ALTARIT — VAPAUTUMINEN ELIITIN OKKULTTISISTA LIITOISTA..................114
PÄIVÄ 27: EPÄPYHÄT LIITTOUTUMINEN — VAPAAMUURARIUS, ILLUMINAATTI JA HENGELLINEN SISÄÄNTULO..................117

PÄIVÄ 28: KABBALA, ENERGIAVERKOT JA MYSTISEN "VALON" HOUKUTTELU 121
PÄIVÄ 29: ILLUMINAATIN VERHTO — ELIITIN OKKULTTISTEN VERKOSTOJEN PALJASTAMINEN 124
PÄIVÄ 30: MYSTEERIKOULUT — MUINAISIA SALAISUUKSIA, NYKYAIKAISTA SIDONTA 128
PÄIVÄ 31: KABBALA, PYHÄ GEOMETRIA JA ELIITIN VALOPETOS 132
PÄIVÄ 3 2: SISÄLLINEN KÄÄRMEENHENKI – KUN VAPAUTUS TULEE LIIAN MYÖHÄISEEN 136
PÄIVÄ 33: SISÄLLINEN KÄÄRMEENHENKI – KUN VAPAUTUS TULEE LIIAN MYÖHÄISEEN 140
PÄIVÄ 34: MUURAREITA, KOODIA JA KIROUKSIA — Kun veljeydestä tulee orjuutta 144
PÄIVÄ 35: NOIDAT PENSSISSÄ — KUN PAHA TULEHTUU KIRKON OVISTA 148
PÄIVÄ 36: KOODATUT LOITSUT — KUN LAULUISTA, MUODISTA JA ELOKUVISTA MUUTUU PORTAALEJA 152
PÄIVÄ 37: VOIMAN NÄKYMÄTTÖMÄT ALTARIT — VAPAAMUURARIT, KABBALA JA OKKULTTISET ELIITIT 156
PÄIVÄ 38: KOHDUN LIITOT JA VESIKUNNAT – KUN KOHTALO ON SAASTETTU ENNEN SYNTYMÄÄ 160
PÄIVÄ 39: VESIKASTE ORJUUTEEN – MITEN LAPSET, ALKUKIRJAIMET JA NÄKYMÄTTÖMÄT LIITOT AVAAVAT OVIA 164
PÄIVÄ 40: TOIMITETUSTA TOIMITTAJAAN — KIPUSI ON VIIMEISTYKSESI 168
360° PÄIVITTÄINEN VAPAUTUKSEN JA HALLITUKSEN JULISTUS – Osa 1 171
360° PÄIVITTÄINEN VAPAUTUKSEN JA HALLITUKSEN JULISTUS – Osa 2 173
360° PÄIVITTÄINEN VAPAUTUKSEN JA HALLITUKSEN JULISTUS - Osa 3 177

JOHTOPÄÄTÖS: SELVIYTYMISESTÄ POIKAKSI – VAPAANA PYSYMINEN, VAPAANA ELÄMINEN, MUIDEN VAPAUTTAMINEN 181
    Kuinka syntyä uudesti ja aloittaa uusi elämä Kristuksen kanssa 184
    Pelastukseni hetki 186
    Uuden elämän todistus Kristuksessa 187
    YHTEYDESSÄ JUMALAN EAGLE-MINISTERIÖIHIN 188
    SUOSITELTAVAT KIRJAT JA RESURSSIT 190
    LIITE 1: Rukous kirkon piilotetun noituuden, okkulttisten käytäntöjen tai outojen alttarien havaitsemiseksi 204
    LIITE 2: Mediasta luopumisen ja puhdistautumisen protokolla 205
    LIITE 3: Vapaamuurarius, Kabbala, Kundalini, Noituus, Okkulttinen luopumiskäsikirjoitus 206
    LIITE 4: Voiteluöljyn aktivointiopas 207
    LIITE 6: Videomateriaalia hengellisen kasvun todistusten kera 208
    VIIMEINEN VAROITUS: Et voi leikkiä tällä 209

Tekijänoikeussivu

PIMEYDESTÄ HALLITUKSEEN: 40 päivää vapautumiseen pimeyden piilotetusta otteesta – maailmanlaajuinen hartaus tietoisuudesta, vapautuksesta ja voimasta,

kirjoittanut Zacharias Godseagle , Comfort Ladi Ogbe & Ambassador Monday O. Ogbe

Tekijänoikeus © 2025 **Zacharias Godseagle ja God's Eagle Ministries – GEM**

Kaikki oikeudet pidätetään.

Mitään osaa tästä julkaisusta ei saa jäljentää, tallentaa tiedonhakujärjestelmään tai välittää missään muodossa tai millään tavalla – sähköisesti, mekaanisesti, valokopioimalla, tallentamalla, skannaamalla tai muulla tavoin – ilman julkaisijan etukäteen antamaa kirjallista lupaa, lukuun ottamatta lyhyitä lainauksia kriittisissä artikkeleissa tai katsauksissa.

Tämä kirja on tietokirjallisuutta ja hartauskirjallisuutta. Joitakin nimiä ja tunnistetietoja on muutettu yksityisyyden suojaan liittyvissä tapauksissa.

Raamatun lainaukset on otettu seuraavista lähteistä:

- *Uusi elävä käännös (NLT)* , © 1996, 2004, 2015 Tyndale House Foundation. Käytetty luvalla. Kaikki oikeudet pidätetään.

Kannen suunnittelu: GEM TEAM
Sisustussuunnittelu GEM TEAMin toimesta
Julkaisija:
Zacharias Godseagle & God's Eagle Ministries – GEM
www.otakada.org [1] | ambassador@otakada.org
Ensimmäinen painos, 2025
Painettu Yhdysvalloissa

---

1. http://www.otakada.org

Tietoja kirjasta – PIMEYDESTÄ HALLITUKSEEN

PIMEYDESTÄ HALLITUKSEEN: 40 päivää vapautumiseen pimeyden piilotetusta otteesta - *maailmanlaajuinen hartaus tietoisuudesta, vapautuksesta ja voimasta - yksilöille, perheille ja kansoille, jotka ovat valmiita vapautumaan* ei ole pelkkä hartaustilaisuus – se on 40 päivän maailmanlaajuinen vapautustapahtuma **presidenteille, pääministereille, pastoreille, seurakuntien työntekijöille, toimitusjohtajille, vanhemmille, teineille ja jokaiselle uskovalle**, joka kieltäytyy elämästä hiljaisessa tappiossa.

Tämä vaikuttava 40 päivän hartaus käsittelee *hengellistä sodankäyntiä, vapautumista esi-isien alttareista, sielunsiteiden katkaisemista, okkultismin paljastumista sekä entisten noitien, entisten satanistien* ja pimeyden voimat voittaneiden todistuksia maailmanlaajuisesti.

Olitpa sitten **johtamassa maata**, **toimimassa seurakunnan pastorina**, **pyörittämässä yritystä** tai **taistelemassa perheesi puolesta rukouskammiossa**, tämä kirja paljastaa piilossa olleen, kohtaa unohdetun ja antaa sinulle voimaa vapautua.

40 päivän maailmanlaajuinen hartaus tietoisuudesta, vapautuksesta ja voimasta

Näillä sivuilla kohtaat:

- Verilinjan kiroukset ja esi-isien liitot
- Henkipuolisot, merihenget ja astraalimanipulaatio
- Vapaamuurarius, kabbala, kundaliiniheräämiset ja noituuden alttarit
- Lasten vihkimykset, synnytystä edeltävät initiaatiot ja demonien kantajat
- Median tunkeutuminen, seksuaalinen trauma ja sielun

pirstaloituminen
- Salaseurat, demoninen tekoäly ja valheelliset herätysliikkeet

Jokainen päivä sisältää:
- *Tositarinan tai globaalin kaavan*
- *Raamattuun perustuvan oivalluksen*
- *Ryhmä- ja henkilökohtaisia sovelluksia*
- *Vapautusrukouksen + pohdintapäiväkirjan*

Tämä kirja on sinua varten , jos olet:

- Presidentti **tai poliittinen päättäjä,** joka etsii hengellistä selkeyttä ja suojelua kansakunnalleen
- Pastori , **esirukoilija tai kirkon työntekijä** taistelee näkymättömiä voimia vastaan, jotka vastustavat kasvua ja puhtautta
- Toimitusjohtaja **tai yritysjohtaja,** joka kohtaa selittämätöntä sodankäyntiä ja sabotaasia
- Teini **-ikäinen tai opiskelija,** jota vaivaavat unet, tuska tai oudot tapahtumat
- Vanhempi **tai hoitaja** huomaa henkisiä kaavoja verilinjassasi
- Kristitty **johtaja,** joka on kyllästynyt loputtomiin rukousjaksoihin ilman läpimurtoa
- Tai yksinkertaisesti **uskovainen, joka on valmis siirtymään selviytymisestä voittoisaan hallintaan**

Miksi tämä kirja?

Koska aikana, jolloin pimeys pukeutuu valon naamioon, **vapautuminen ei ole enää valinnaista** .

Ja **valta kuuluu informoiduille, varustautuneille ja antautuneille** .

Tekijät Zacharias Godseagle , suurlähettiläs Monday O. Ogbe ja Comfort Ladi Ogbe , tämä on enemmän kuin vain opetusta – se on **maailmanlaajuinen herätyshuuto** kirkolle, perheelle ja kansoille nousta ylös ja taistella vastaan – ei pelossa, vaan viisaudessa **ja auktoriteetissa** .

Et voi opettaa sitä, mitä et ole opettanut. Etkä voi vaeltaa herruudessa, ennen kuin irtaudut pimeyden otteesta.

Katkaise kierteet. Kohtaa piilossa oleva. Ota kohtalosi takaisin – päivä kerrallaan.

Takakannen teksti

PIMEYDESTÄ HALLITUKSEEN
40 päivää vapautumiseen pimeyden piilotetusta otteesta
Maailmanlaajuinen hartaus tietoisuudesta, vapautuksesta ja voimasta

Oletko **presidentti**, **pastori**, **vanhempi** vai **rukoileva uskova** – joka kaipaa epätoivoisesti kestävää vapautta ja läpimurtoa?

Tämä ei ole pelkkä hartaustilaisuus. Se on 40 päivän maailmanlaajuinen matka läpi **esi-isien liittojen, okkulttisen orjuuden, merihenkien, sielujen pirstaloitumisen, median soluttautumisen ja muiden näkymättömien taistelukenttien**. Joka päivä paljastaa todellisia todistuksia, maailmanlaajuisia ilmentymiä ja toimivia vapautusstrategioita.

Saat selville:

- Kuinka hengelliset portit avautuvat – ja kuinka ne suljetaan
- Toistuvan viivytyksen, piinauksen ja orjuuden piilotetut juuret
- Voimakkaita päivittäisiä rukouksia, pohdintoja ja ryhmäsovelluksia
- Kuinka astua sisään **herruuteen**, ei vain vapautukseen

Afrikan **noituuden alttareista** Pohjois-Amerikan **new age -petokseen** ... Euroopan **salaseuroista** Latinalaisen Amerikan **veriliittoihin** – **tämä kirja paljastaa kaiken**.

PIMEYDESTÄ HALLITUKSEEN on tiekarttasi vapauteen, joka on kirjoitettu **pastoreille, johtajille, perheille, teini-ikäisille, ammattilaisille, toimitusjohtajille** ja kaikille, jotka ovat kyllästyneet pyöräilemään sodankäynnin läpi ilman voittoa.

"Et voi opettaa sitä, mitä et ole opettanut. Etkä voi vaeltaa herruudessa, ennen kuin irtaudut pimeyden otteesta."

Yhden kappaleen mediamainos (lehdistö/sähköposti/mainosteksti)

PIMEYDESTÄ HALLITUKSEEN: 40 päivää vapautuaksesi pimeyden piilotetusta otteesta on maailmanlaajuinen hartauskirja, joka paljastaa, kuinka vihollinen soluttautuu ihmisten elämään, perheisiin ja kansakuntiin alttarien, verilinjojen, salaseurojen, okkulttisten rituaalien ja arkipäivän kompromissien kautta. Kirja sisältää tarinoita jokaiselta mantereelta ja taisteluissa koeteltuja vapautusstrategioita, ja se sopii presidenteille ja pastoreille, toimitusjohtajille ja teini-ikäisille, kotiäideille ja hengellisille sotureille – kaikille, jotka kaipaavat epätoivoisesti kestävää vapautta. Se ei ole vain luettavaksi – se on tarkoitettu kahleiden murtamiseen.

Ehdotetut tunnisteet

- vapautus hartaus
- hengellinen sodankäynti
- entisten okkulttisten todistuksia
- rukous ja paasto
- sukupolvien kirousten murtaminen
- vapaus pimeydestä
- Kristillinen hengellinen auktoriteetti
- meriväkevät alkoholijuomat
- kundalinin petos
- salaseurat paljastettu
- 40 päivän toimitus

 # Kampanjoiden hashtagit
#PimeydestäValtaan
#VapautusHartaus

\#KatkaiseKetjut
\#VapausKristuksenKauten
\#GlobaaliHerätys
\#PiilotetutTaistelutPaljastettu
\#RukoileVapaaksiMurtautumiseksi
\#HengellisenSodankäynninKirja
\#PimeydestäValoon
\#KuningaskuntaAuktoriteetti
\#EiEiEnääSidontaa
\#ExOccultTodistukset
\#KundaliniVaroitus
\#MerenHenkiäPaljastettu
\#40PäivääVapautta

Omistautuminen

Hänelle, joka kutsui meidät pimeydestä ihmeelliseen valkeuteensa – **Jeesukselle Kristukselle**, meidän Vapahtajallemme, Valonkantajallemme ja Kirkkauden Kuninkaallemme.

Jokaiselle hiljaisuudessa huutavalle sielulle – näkymättömien kahleiden vangitsemalle, unien vainoamalle, äänten piinaamalle ja pimeyttä vastaan taistelevalle paikoissa, joissa kukaan ei näe – tämä matka on sinua varten.

Pastoreille , **esirukoilijoille** ja **muurilla oleville vartijoille** ,

äideille , jotka rukoilevat läpi yön, ja **isille** , **jotka** kieltäytyvät luovuttamasta,

nuorelle **pojalle** , joka näkee liikaa, ja **pienelle tytölle,** jonka paha on leimannut liian aikaisin,

toimitusjohtajille , **presidenteille** ja **päätöksentekijöille,** jotka kantavat näkymättömiä taakkoja julkisen vallan takana,

seurakunnan **työntekijöille, jotka** kamppailevat salaisen orjuuden kanssa,

ja **hengelliselle soturille** , joka uskaltaa taistella vastaan –

tämä on teidän kutsunne nousta.

Ja kiitos teille rohkeille, jotka jaoitte tarinansa. Arpenne vapauttavat nyt muita.

Valaiskoon tämä hartaus polkua varjojen läpi ja johdattakoon monet herruuteen, parantumiseen ja pyhään tuleen.

Sinua ei ole unohdettu. Et ole voimaton. Synnyit vapautta varten.

— *Zacharias Godseagle , suurlähettiläs Monday O. Ogbe & Comfort Ladi Ogbe*

Kiitokset

Ennen kaikkea tunnustamme **Kaikkivaltiaan Jumalan – Isän, Pojan ja Pyhän Hengen** , valon ja totuuden Luojan, joka avasi silmämme näkymättömille taisteluille suljettujen ovien, verhojen, saarnastuolien ja puhujakorokkeiden takana. Jeesukselle Kristukselle, Vapauttajallemme ja Kuninkaallemme, annamme kaiken kunnian.

Rohkeille miehille ja naisille ympäri maailmaa, jotka jakoivat tarinoitaan tuskasta, voitosta ja muutoksesta – teidän rohkeutenne on sytyttänyt maailmanlaajuisen vapauden aallon. Kiitos, että rikotte hiljaisuuden.

Muurin palvelutehtävissä työskenteleville ja vartijoille, jotka ovat työskennelleet piilossa – opettaneet, esirukoilleet, auttaneet ja tehneet eroja – me kunnioitamme teidän sinnikkyyttänne. Teidän kuuliaisuutenne jatkaa linnoitusten purkamista ja petoksen paljastamista korkeissa paikoissa.

Perheillemme, rukouskumppaneillemme ja tukiryhmillemme, jotka seisoitte rinnallamme, kun kaivoimme hengellisten raunioiden läpi paljastaaksemme totuuden – kiitos horjumattomasta uskostanne ja kärsivällisyydestänne.

Tutkijoille, YouTube-todistajille, ilmiantajille ja valtakunnan sotureille, jotka paljastavat pimeyttä alustoillaan – rohkeutenne on ruokkinut tätä työtä oivalluksella, ilmestyksellä ja kiireellisyydellä.

Kristuksen ruumiille : tämä kirja on myös sinun. Herättäköön se sinussa pyhän päättäväisyyden olla valppaita, tarkkanäköisiä ja pelottomia. Emme kirjoita asiantuntijoina, vaan todistajina. Emme seiso tuomareina, vaan lunastettuina.

Ja lopuksi, **tämän hartauskirjoituksen lukijoille** – etsijöille, sotureille, pastoreille, vapautuksen saarnaajille, selviytyjille ja totuuden rakastajille jokaisesta kansakunnasta – toivon, että jokainen sivu antaa teille voimaa siirtyä **eteenpäin pimeydestä valtaan** .

— Zacharias Godseagle
— Suurlähettiläs Monday O. Ogbe
— Comfort Ladi Ogbe

Lukijalle

Tämä ei ole vain kirja. Se on kutsu.
Kutsu paljastaa se, mikä on ollut pitkään piilossa – kohdata näkymättömät voimat, jotka muokkaavat sukupolvia, järjestelmiä ja sieluja. Oletpa sitten **nuori etsijä**, **nimeämättömien taisteluiden uupunut pastori**, **yöllisten kauhujen kanssa taisteleva yritysjohtaja** tai **armotonta kansallista pimeyttä kohtaava valtionpäämies**, tämä hartauskirja on oppaasi **varjoista**.

Yksilölle : Et ole hullu. Se, mitä aistit – unissasi, ilmapiirissäsi, verilinjassasi – voi todellakin olla hengellistä. Jumala ei ole vain parantaja; Hän on vapauttaja.

Perheelle : Tämä 40 päivän matka auttaa sinua tunnistamaan sukulinjaasi pitkään piinanneet kaavat – riippuvuudet, ennenaikaiset kuolemat, avioerot, hedelmättömyys, henkinen kärsimys , äkillinen köyhyys – ja tarjoaa työkalut niiden murtamiseen.

Kirkon **johtajille ja pastoreille** : Herättäköön tämä syvemmän erottelukyvyn ja rohkeuden kohdata henkimaailma saarnatuolista, ei vain puhujakorokkeelta. Vapautus ei ole valinnainen. Se on osa lähetyskäskyä.

Toimitusjohtajille , **yrittäjille ja ammattilaisille** : Hengelliset liitot toimivat myös johtokunnissa. Omista yrityksesi Jumalalle. Revi alas esi-isien alttarit, jotka on naamioitu liikeonneksi, verisopimuksiksi tai vapaamuurarien suosioksi. Rakenna puhtain käsin.

Vartijoille **ja esirukoilijoille** : Valppautenne ei ole ollut turhaa. Tämä resurssi on ase käsissänne – kaupungillenne, alueellenne, kansakunnallenne.

Presidenteille **ja pääministereille** , jos tämä joskus päätyy pöydällenne: Kansoja ei hallita vain politiikalla. Niitä hallitsevat alttarit – jotka pystytetään salassa tai julkisesti. Rauha pysyy saavuttamattomana, kunnes piilossa oleviin perustuksiin puututaan. Toivottavasti tämä hartaus herättää teidät sukupolvien muutokseen.

Nuorelle **miehelle tai naiselle,** joka lukee tätä epätoivon hetkellä: Jumala näkee sinut. Hän valitsi sinut. Ja Hän vetää sinut pois – lopullisesti.

Tämä on sinun matkasi. Yksi päivä kerrallaan. Yksi ketju kerrallaan.

Pimeydestä valtakuntaan – nyt on sinun aikasi.

Tämän kirjan käyttöohjeet

PIMEYDESTÄ HALLITUKSEEN: 40 päivää irtautuaksesi pimeyden piilotetusta otteesta on enemmän kuin hartauskirja – se on vapautusopas, hengellinen vieroitus ja sodankäynnin perusopetusleiri. Luetpa sitten yksin, ryhmässä, kirkossa tai johtajana opastamassa muita, tässä on ohjeet, joiden avulla saat kaiken irti tästä voimakkaasta 40 päivän matkasta:

Päivittäinen rytmi

Jokainen päivä noudattaa johdonmukaista rakennetta, joka auttaa sinua aktivoimaan hengen, sielun ja kehon:

- **Päähartausopetus** – Paljastava teema, joka paljastaa piilotetun pimeyden.
- **Globaali konteksti** – Miten tämä linnoitus ilmenee eri puolilla maailmaa.
- **Tosielämän tarinoita** – Todellisia vapautumiskokemuksia eri kulttuureista.
- **Toimintasuunnitelma** – Henkilökohtaisia hengellisiä harjoituksia, luopumuksia tai julistuksia.
- **Ryhmäsovellus** – Pienryhmille, perheille, seurakunnille tai vapautusryhmille.
- **Keskeinen näkemys** – Tiivistetty poiminta, jota voi muistaa ja jonka pohjalta voi rukoilla.
- **Pohdintapäiväkirja** – Sydänkysymyksiä jokaisen totuuden syvälliseen käsittelyyn.
- **Vapautuksen rukous** – Kohdennettu hengellisen sodankäynnin rukous linnoitusten murtamiseksi.

Mitä tarvitset

- Raamattusi
- Omistettu **päiväkirja tai muistikirja**
- **Voiteluöljy** (valinnainen, mutta tehokas rukousten aikana)
- Halukkuus **paastota ja rukoilla** Hengen johdatuksen mukaan
- **Vastuukumppani tai rukoustiimi** vakavammissa tapauksissa

Käyttö ryhmien tai kirkkojen kanssa

- Kokoonnu **päivittäin tai viikoittain** keskustelemaan oivalluksista ja johtamaan rukouksia yhdessä.
- Kannusta jäseniä täyttämään **pohdintapäiväkirja** ennen ryhmätapaamisia.
- Käytä **Ryhmähakemus-** osiota keskustelun, tunnustusten tai yhteisten vapautumishetkien herättämiseen.
- Nimeä koulutettuja johtajia käsittelemään voimakkaampia ilmentymiä.

Pastoreille, johtajille ja vapautustyöntekijöille

- Opeta päivittäisiä aiheita saarnatuolista tai vapautuskouluissa.
- Varusta tiimisi käyttämään tätä hartauskirjaa neuvonnan oppaana.
- Mukauta osioita tarpeen mukaan hengellistä kartoitusta, herätyskokouksia tai kaupungin rukouskeräyksiä varten.

Liitteet tutkittavaksi
Kirjan lopusta löydät tehokkaita bonusmateriaaleja, kuten:

1. **Päivittäinen julistus täydellisestä vapautuksesta** – Sano tämä ääneen joka aamu ja ilta.
2. **Mediasta luopumisen opas** – Puhdista elämäsi viihteen hengellisestä saasteesta.
3. **Rukous piilotettujen alttarien havaitsemiseksi kirkoissa** – esirukoilijoille ja kirkon työntekijöille.
4. **Vapaamuurarius, kabala, kundalini ja okkulttinen luopumiskäsikirjoitus** – Voimakkaita katumusrukouksia.

5. **Massavapautuksen tarkistuslista** – Käytä ristiretkillä, kotiyhteisöissä tai henkilökohtaisissa retriiteissä.
6. **Todistusvideolinkit**

Esipuhe

Sota – näkymätön, äänetön, mutta kiivaasti todellinen – raivoaa miesten, naisten, lasten, perheiden, yhteisöjen ja kansojen sielujen yllä.

Tämä kirja ei syntynyt teoriasta, vaan tulesta. Itkevistä vapautushuoneista. Varjoissa kuiskatuista ja katoilla huudetuista todistuksista. Syvällisestä tutkimuksesta, maailmanlaajuisesta esirukouksesta ja pyhästä turhautumisesta pinnalliseen kristinuskoon, joka ei pysty käsittelemään uskovia yhä kietovia **pimeyden juuria**.

Liian monet ihmiset ovat tulleet ristille, mutta raahaavat edelleen kahleitaan. Liian monet pastorit saarnaavat vapautta samalla kun heitä salaa piinaavat himon, pelon tai esi-isien liittojen demonit. Liian monet perheet ovat loukussa – köyhyyden, perversion, riippuvuuden, hedelmättömyyden ja häpeän – sykleissä **eivätkä tiedä miksi**. Ja aivan liian monet kirkot välttävät puhumasta demoneista, noituudesta, veriailttareista tai vapautuksesta, koska se on "liian intensiivistä".

Mutta Jeesus ei vältellyt pimeyttä – hän **kohtasi sen**.

Hän ei jättänyt demoneja huomiotta – hän **ajoi ne ulos**.

Eikä hän kuollut vain antaakseen sinulle anteeksi – hän kuoli vapauttaakseen **sinut**.

Tämä 40 päivän maailmanlaajuinen hartaushetki ei ole satunnainen raamatuntutkistelu. Se on **hengellinen leikkaussali**. Vapauden päiväkirja. Kartta helvetistä niille, jotka tuntevat olevansa jumissa pelastuksen ja todellisen vapauden välillä. Olitpa sitten pornografian kahlitsema teini-ikäinen, käärmeunien vaivaama ensimmäinen nainen, esi-isiensä syyllisyyden piinaama pääministeri, salaa kahlehdittu profeetta tai demonisista unista heräävä lapsi – tämä matka on sinua varten.

Löydät tarinoita ympäri maailmaa – Afrikasta, Aasiasta, Euroopasta, Pohjois- ja Etelä-Amerikasta – jotka kaikki vahvistavat yhden totuuden:

Paholainen ei erottele ihmisiä. Mutta ei Jumalakaan. Ja minkä Hän on tehnyt toisten hyväksi, Hän voi tehdä sinun hyväksesi.

Tämä kirja on kirjoitettu:

- Henkilökohtaista vapautusta etsivät **ihmiset**
- **Perheet** tarvitsevat sukupolvien paranemista
- **Pastorit** ja seurakunnan työntekijät tarvitsevat varusteita
- **Yritysjohtajat** navigoivat hengellisessä sodankäynnissä korkeissa asemissa
- **Kansakunnat** huutavat todellista herätystä
- **Nuoret**, jotka ovat tietämättään avanneet ovia
- **Vapautusmiehille**, jotka tarvitsevat rakennetta ja strategiaa
- Ja jopa **ne, jotka eivät usko demoneihin** – ennen kuin he lukevat oman tarinansa näiltä sivuilta

Sinua venytetään. Sinua haastetaan. Mutta jos pysyt polulla, tulet myös **muuttumaan**.

Et tule vain murtautumaan vapaaksi.

Tulet vaeltamaan **herruudessa**.

Aloitetaan.

— *Zacharias Godseagle, suurlähettiläs Monday O. Ogbe ja Comfort Ladi Ogbe*

Esipuhe

Kansakunnissa on käynnissä liikehdintä. Henkimaailmassa on järkytys. Saarnastuoleista parlamentteihin, olohuoneista maanalaisiin kirkkoihin, ihmiset kaikkialla heräävät kylmäävään totuuteen: olemme aliarvioineet vihollisen ulottuvuuden – ja olemme ymmärtäneet väärin Kristuksessa kantamamme vallan.

Pimeydestä herruuteen ei ole vain hartauskirja; se on selkeä kutsu. Profeetallinen käsikirja. Pelastusköysi piinatuille, sidotuille ja vilpittömille uskoville, jotka miettivät: "Miksi olen yhä kahleissa?"

Koska olen itse todistanut herätystä ja vapautusta eri kansoissa, tiedän omasta kokemuksesta, ettei kirkolta puutu tietoa – meiltä puuttuu hengellistä **tietoisuutta**, **rohkeutta** ja **kurinalaisuutta**. Tämä työ kuroa umpeen tämän kuilun. Se kutoo yhteen maailmanlaajuisia todistuksia, kovaa iskua tuovaa totuutta, käytännön toimintaa ja ristin voimaa 40 päivän matkaksi, joka ravistelee pölyt pois uinuvista elämistä ja sytyttää tulen väsyneissä.

Pastorille, joka uskaltaa kohdata alttarit, nuorelle aikuiselle, joka taistelee hiljaa demonisia unia vastaan, yrityksen omistajalle, joka on sotkeutunut näkymättömiin liittoihin, ja johtajalle, joka tietää, että jokin on *hengellisesti vialla,* mutta ei osaa nimetä sitä – tämä kirja on sinua varten.

Kehotan teitä olemaan lukematta sitä passiivisesti. Antakaa jokaisen sivun herättää henkenne. Antakaa jokaisen tarinan synnyttää sodankäyntiä. Antakaa jokaisen julistuksen kouluttaa suanne puhumaan tulella. Ja kun olette kulkeneet läpi nämä 40 päivää, älkää vain juhliko vapauttanne – olkaa toisten vapauden astia.

Koska todellinen herruus ei ole vain pimeydestä pakenemista...

Se on kääntymistä ympäri ja muiden vetämistä valoon.

Kristuksen auktoriteetissa ja voimassa,

Suurlähettiläs Ogbe

Johdanto

P IMEYDESTÄ HALLITUKSEEN: 40 päivää vapautuaksesi pimeyden piilotetusta otteesta ei ole vain yksi hartaustilaisuus lisää – se on maailmanlaajuinen herätyshuuto.

Kaikkialla maailmassa – maaseutukylistä presidentin palatseihin, kirkkojen alttareista kokoushuoneisiin – miehet ja naiset huutavat vapautta. Eivät vain pelastusta. **Vapautusta. Selkeyttä. Läpimurtoa. Kokonaisuutta. Rauhaa. Voimaa.**

Mutta totuus on tämä: Et voi heittää pois sitä, mitä siedät. Et voi irrottautua siitä, mitä et näe. Tämä kirja on valosi tuossa pimeydessä.

40 päivän ajan kuljet läpi opetusten, tarinoiden, todistusten ja strategisten toimien, jotka paljastavat pimeyden piilevät toiminnot ja antavat sinulle voimaa voittaa – hengen, sielun ja ruumiin.

Olitpa sitten pastori, toimitusjohtaja, lähetyssaarnaaja, esirukoilija, teini-ikäinen, äiti tai valtionpäämies, tämän kirjan sisältö kohtaa sinut. Ei häpeäkseen sinua, vaan vapauttaakseen sinut ja valmistaakseen sinua viemään muita vapauteen.

Tämä on **maailmanlaajuinen hartaustilaisuus tietoisuudesta, vapautuksesta ja voimasta** – juurtunut Raamattuun, terävöitetty tosielämän kertomusten avulla ja kastettu Jeesuksen verellä.

Kuinka käyttää tätä hartauskirjaa

1. **Aloita viidestä perusluvusta**
   . Nämä luvut luovat perustan. Älä ohita niitä. Ne auttavat sinua ymmärtämään pimeyden hengellistä arkkitehtuuria ja sinulle annettua valtaa nousta sen yläpuolelle.

2. **Käy jokainen päivä tietoisesti läpi**
   Jokainen päivän merkintä sisältää keskeisen teeman, maailmanlaajuisia ilmentymiä, tositarinan, pyhien kirjoitusten

kohtia, toimintasuunnitelman, ryhmäsovellusideoita, keskeisen näkemyksen, päiväkirjakehyksiä ja voimallisen rukouksen.
3. **Sulje joka päivä.** Tämän kirjan lopussa olevalla **päivittäisellä 360° julistuksella**
tämä voimakas julistus on suunniteltu vahvistamaan vapauttasi ja suojaamaan hengellisiä porttejasi.
4. **Käytä sitä yksin tai ryhmissä**
Käytpä tätä läpi yksin tai ryhmässä, kotiseurakunnassa, esirukoustiimissä tai vapautustyössä – anna Pyhän Hengen ohjata tahtia ja räätälöidä taistelusuunnitelma.
5. **Varaudu vastustukseen – ja läpimurtovastus**
tulee. Mutta niin tulee myös vapaus. Vapautus on prosessi, ja Jeesus on sitoutunut kulkemaan sitä kanssasi.

PERUSLUVUT (Lue ennen 1. päivää)
1. Pimeän valtakunnan alkuperä
Luciferin kapinasta demonisten hierarkioiden ja alueellisten henkien ilmaantumiseen, tämä luku jäljittää pimeyden raamatullista ja hengellistä historiaa. Ymmärtämällä, mistä se alkoi, voit ymmärtää, miten se toimii.

2. Kuinka Pimeä Valtakunta toimii tänä päivänä
Liitoista ja veriuhreista alttareihin, merihenkiin ja teknologian käyttöön, tämä luku paljastaa muinaisten henkien nykyajan kasvot – mukaan lukien sen, miten media, trendit ja jopa uskonto voivat toimia naamiointina.

3. Aloituskohdat: Miten ihmiset jäävät koukkuun
Kukaan ei synny orjuuteen sattumalta. Tässä luvussa tarkastellaan ovia, kuten traumoja, esi-isien alttareita, noituuden paljastumista, sielullisia siteitä, okkulttista uteliaisuutta, vapaamuurareita, väärää hengellisyyttä ja kulttuurisia käytäntöjä.

4. Ilmentymät: Omistuksesta pakkomielteeseen
Miltä orjuus näyttää? Painajaisista avioliiton viivästymiseen, hedelmättömyyteen, riippuvuuteen, raivoon ja jopa "pyhään nauruun", tämä luku paljastaa, kuinka demonit naamioituvat ongelmiksi, lahjoiksi tai persoonallisuuksiksi.

5. Sanan voima: uskovien auktoriteetti

Ennen kuin aloitamme 40 päivän sodankäynnin, sinun on ymmärrettävä lailliset oikeutesi Kristuksessa. Tämä luku varustaa sinut hengellisillä laeilla, sodankäynnin aseilla, raamatullisilla protokollilla ja vapautuksen kielellä.

VIIMEINEN ROHKAISULLE ENNEN ALOITTAMISTA

Jumala ei kutsu sinua hallitsemaan *pimeyttä* .

Hän kutsuu sinua **hallitsemaan** sitä.

Ei voimalla, ei vallalla, vaan Hänen Hengellään.

Olkoot nämä seuraavat 40 päivää enemmän kuin pelkkä hartaushetki.

Olkoot ne jokaisen sinua kerran hallinneen alttarin hautajaiset... ja kruunajaiset Jumalan sinulle säätämään kohtaloon.

Valtakunnanmatkasi alkaa nyt.

LUKU 1: PIMEÄN VALTAKUNNAN ALKUPERÄ

"Sillä meillä ei ole taistelu verta ja lihaa vastaan, vaan hallituksia vastaan, valtoja vastaan, tämän pimeyden maailman hallitsijoita vastaan, pahuuden henkiolentoja vastaan taivaan avaruuksissa." - Efesolaiskirje 6:12

Kauan ennen kuin ihmiskunta astui ajan näyttämölle, taivaissa puhkesi näkymätön sota. Tämä ei ollut miekkojen tai aseiden sota, vaan kapinan – maanpetoksen – Korkeimman Jumalan pyhyyttä ja auktoriteettia vastaan. Raamattu paljastaa tämän mysteerin useiden kohtien kautta, jotka vihjaavat yhden Jumalan kauneimmista enkeleistä – loistavan **Luciferin** – lankeemukseen, joka uskalsi korottaa itsensä Jumalan valtaistuimen yläpuolelle (Jesaja 14:12–15, Hesekiel 28:12–17).

Tämä kosminen kapina synnytti **Pimeän valtakunnan** – hengellisen vastarinnan ja petoksen valtakunnan, joka koostuu langenneista enkeleistä (nyt demoneista), ruhtinaskunnista ja voimista, jotka ovat asettuneet Jumalan tahtoa ja Jumalan kansaa vastaan.

Pimeyden lankeemus ja muodostuminen

LUSIFER EI OLLUT AINA paha. Hänet luotiin täydelliseksi viisaudessa ja kauneudessa. Mutta ylpeys valtasi hänen sydämensä, ja ylpeydestä tuli kapina. Hän petti kolmanneksen taivaan enkeleistä seuraamaan itseään (Ilmestyskirja 12:4), ja heidät karkotettiin taivaasta. Heidän vihansa ihmiskuntaa kohtaan juontaa juurensa kateudesta – koska ihmiskunta luotiin Jumalan kuvaksi ja sille annettiin valta.

Näin alkoi sota **Valon valtakunnan** ja **Pimeyden valtakunnan välillä** – näkymätön konflikti, joka koskettaa jokaista sielua, jokaista kotia ja jokaista kansakuntaa.

Pimeän valtakunnan globaali ilmentymä

VAIKKA TÄMÄ PIMEÄ VALTAKUNTA on näkymätön, sen vaikutus on syvästi juurtunut seuraaviin:

- **Kulttuuriperinteet** (esi-isien palvonta, veriuhrit, salaseurat)
- **Viihde** (alitajuntaviestit, okkulttinen musiikki ja -esitykset)
- **Hallinto** (korruptio, verisopimukset, valat)
- **Teknologia** (työkalut riippuvuuteen, hallintaan, mielen manipulointiin)
- **Koulutus** (humanismi, relativismi, väärä valistus)

Afrikkalaisesta jujusta länsimaiseen new age -mystiikkaan, Lähi-idän džinnien palvonnasta eteläamerikkalaiseen shamanismiin, muodot vaihtelevat, mutta **henki on sama** – petos, ylivalta ja tuho.

Miksi tämä kirja on tärkeä juuri nyt

SAATANAN SUURIN TEMPPU on saada ihmiset uskomaan, ettei häntä ole olemassa – tai pahempaa, että hänen tiensä ovat vaarattomia.

Tämä hartaus on **hengellisen älykkyyden käsikirja** – se nostaa verhon, paljastaa hänen juonensa ja voimaannuttaa uskovia eri mantereilla:

- **Tunnista** sisäänkäyntipisteet
- **Luovu** piilotetuista liitoista
- **Vastusta** auktoriteeteilla
- **Palauta** se, mikä varastettiin

Synnyit taisteluun

TÄMÄ EI OLE HARTAUS herkkähermoisille. Synnyit taistelukentälle, et leikkikentälle. Mutta hyvä uutinen on: **Jeesus on jo voittanut sodan!**

"Hän riisui aseista hallitsijat ja vallat ja saattoi heidät julkiseen häpeään, voittamalla heidät hänessä." – Kolossalaiskirje 2:15

Et ole uhri. Olet enemmän kuin voittaja Kristuksen kautta. Paljastetaan pimeys – ja kävellään rohkeasti valoon.

Keskeinen näkemys

Pimeyden alkuperä on ylpeys, kapina ja Jumalan hallinnon hylkääminen. Samat siemenet toimivat edelleen ihmisten ja järjestelmien sydämissä tänäkin päivänä. Ymmärtääksemme hengellistä sodankäyntiä meidän on ensin ymmärrettävä, miten kapina alkoi.

Pohdintapäiväkirja

- Olenko hylännyt hengellisen sodankäynnin taikauskona?
- Mitä kulttuurillisia tai perheessä tapahtuvia käytäntöjä olen normalisoinut, jotka saattavat liittyä muinaiseen kapinaan?
- Ymmärränkö todella, mihin sotaan synnyin?

Valaistuksen rukous

Taivaallinen Isä, paljasta minulle kapinan kätketyt juuret ympärilläni ja sisälläni. Paljasta pimeyden valheet, jotka olen ehkä tietämättäni omaksunut. Anna totuutesi loistaa jokaiseen varjoisaan paikkaan. Minä valitsen valon valtakunnan. Minä valitsen vaeltaa totuudessa, voimassa ja vapaudessa. Jeesuksen nimessä. Aamen.

LUKU 2: MITEN PIMEÄ VALTAKUNTA TOIMII NYKYÄÄN

"*Etten Saatana pääsisi meistä voitolle; sillä hänen juonensa eivät ole meille tuntemattomia.*" – 2. Korinttilaisille 2:11

Pimeyden valtakunta ei toimi sattumanvaraisesti. Se on hyvin organisoitu, syvälle kerroksellinen hengellinen infrastruktuuri, joka heijastaa sotilaallista strategiaa. Sen tavoitteena on soluttautua, manipuloida, hallita ja lopulta tuhota. Aivan kuten Jumalan valtakunnalla on arvojärjestys (apostolit, profeetat jne.), niin on myös pimeyden valtakunnalla – ruhtinaskuntineen, valtoineen, pimeyden hallitsijoineen ja pahuuden henkineen korkeuksissa (Efesolaiskirje 6:12).

Pimeä valtakunta ei ole myytti. Se ei ole kansanperinnettä tai uskonnollista taikauskoa. Se on näkymätön mutta todellinen henkisten toimijoiden verkosto, joka manipuloi järjestelmiä, ihmisiä ja jopa kirkkoja toteuttaakseen Saatanan agendaa. Vaikka monet kuvittelevat talikkohaarukoita ja punaisia sarvia, tämän valtakunnan todellinen toiminta on paljon hienovaraisempaa, systemaattisempaa ja synkempää.

1. Petos on heidän valuuttansa

Vihollinen käy kauppaa valheilla. Eedenin puutarhasta (1. Moos. 3) nykypäivän filosofioihin asti Saatanan taktiikat ovat aina keskittyneet epäilyksen kylvämiseen Jumalan sanaan. Nykyään petos ilmenee seuraavissa muodoissa:

- *New Age -opetukset naamioituna valaistumiseksi*
- *Kulttuurisen ylpeyden peittämät okkulttiset käytännöt*
- *Noituus ihannoituu musiikissa, elokuvissa, sarjakuvissa ja sosiaalisen median trendeissä*

Ihmiset tietämättään osallistuvat rituaaleihin tai kuluttavat mediaa, jotka avaavat hengellisiä ovia, ilman erottelukykyä.

2. Pahan hierarkkinen rakenne

Aivan kuten Jumalan valtakunnassa vallitsee järjestys, pimeä valtakunta toimii määritellyn hierarkian alaisuudessa:

- **Ruhtinaskunnat** – Alueelliset henget, jotka vaikuttavat kansakuntiin ja hallituksiin
- **Voimat** – Agentit, jotka pakottavat pahuutta demonisten järjestelmien kautta
- **Pimeyden hallitsijat** – hengellisen sokeuden, epäjumalanpalveluksen ja väärän uskonnon koordinaattorit
- **Hengellinen pahuus korkeissa paikoissa** – eliittitason tahot, jotka vaikuttavat globaaliin kulttuuriin, vaurauteen ja teknologiaan

Jokainen demoni on erikoistunut tiettyihin tehtäviin – pelkoon, riippuvuuteen, seksuaaliseen perversioon, hämmennykseen, ylpeyteen ja jakautumiseen.

3. Kulttuurisen kontrollin välineet

Paholaisen ei enää tarvitse ilmestyä fyysisesti. Kulttuuri tekee nyt raskaan työn. Hänen strategioihinsa kuuluvat nykyään:

- **Subliminaaliset viestit:** Musiikkia, ohjelmia ja mainoksia täynnä piilotettuja symboleja ja käänteisiä viestejä
- **Siedätyshoito:** Toistuva altistuminen synnille (väkivalta, alastomuus, kirosanat), kunnes siitä tulee "normaalia"
- **Mielenhallintatekniikat:** Mediahypnoosin, emotionaalisen manipuloinnin ja riippuvuutta aiheuttavien algoritmien avulla

Tämä ei ole sattumaa. Nämä ovat strategioita, joiden tarkoituksena on heikentää moraalisia vakaumuksia, tuhota perheitä ja määritellä totuus uudelleen.

4. Sukupolvien väliset sopimukset ja verilinjat

Unelmien, rituaalien, vihkiytymisten tai esi-isien tekemien sopimusten kautta monet ihmiset ovat tietämättään linjassa pimeyden kanssa. Saatana hyödyntää tätä:

- Perhealttarit ja esi-isien epäjumalat
- Henkien kutsumiseen liittyvät nimeämisseremoniat
- Salaiset perheen synnit tai kiroukset, jotka on periytynyt sukupolvelta toiselle

Nämä avaavat laillisen perusteen ahdistukselle, kunnes liitto rikotaan Jeesuksen veren kautta.

5. Vääriä ihmeitä, vääriä profeettoja

Pimeyden valtakunta rakastaa uskontoa – varsinkin jos siitä puuttuu totuus ja voima. Väärät profeetat, viettelevät henget ja väärennetyt ihmeet pettävät kansaa:

"Sillä itse Saatana tekeytyy valon enkeliksi." - 2. Korinttilaisille 11:14

Monet nykyään seuraavat ääniä, jotka kutkuttavat heidän korviaan, mutta sitovat heidän sielunsa.

Keskeinen näkemys

Paholainen ei ole aina äänekäs – joskus hän kuiskaa kompromissien kautta. Pimeyden kuningaskunnan paras taktiikka on vakuuttaa ihmiset siitä, että he ovat vapaita, samalla kun heidät on hienovaraisesti orjuutettu.

Pohdintapäiväkirja:

- Missä olet nähnyt tällaisia toimia yhteisössäsi tai maassasi?
- Onko olemassa normalisoimiasi ohjelmia, musiikkia, sovelluksia tai rituaaleja, jotka saattavat itse asiassa olla manipuloinnin välineitä?

Tietoisuuden ja katumuksen rukous:

Herra Jeesus, avaa silmäni näkemään vihollisen toimet. Paljasta jokainen valhe, johon olen uskonut. Anna minulle anteeksi jokainen ovi, jonka olen avannut, tietoisesti tai tietämättäni. Rikon sopimuksen pimeyden kanssa ja valitsen Sinun totuutesi, voimasi ja vapautesi. Jeesuksen nimessä. Aamen.

LUKU 3: ALKUKOHDAT – MITEN IHMISET JÄÄVÄT KOUKKUUN

"**Ä**lkää antako Paholaiselle jalansijaa." - Efesolaiskirje 4:27

Jokaisessa kulttuurissa, sukupolvessa ja kodissa on piilotettuja aukkoja – portteja, joiden kautta hengellinen pimeys pääsee sisään. Nämä sisäänkäynnit saattavat aluksi vaikuttaa harmittomilta: lapsuuden peli, perheen rituaali, kirja, elokuva, ratkaisematon trauma. Mutta kun ne avataan, niistä tulee laillinen maaperä demoniselle vaikutukselle.

Yhteiset aloituspisteet

1. **Verilinjan liitot** – Esi-isien valat, rituaalit ja epäjumalanpalvelus, jotka siirtävät pääsyn pahojen henkien luokse.
2. **Varhainen altistuminen okkultismille** – Kuten bolivialaisen *Lourdes Valdivian* tarinassa, noituudelle, spiritualismille tai okkulttisille rituaaleille altistuneet lapset usein vaarantuvat hengellisesti.
3. **Media ja musiikki** – Pimeyttä, aistillisuutta tai kapinaa ihannoivat laulut ja elokuvat voivat hienovaraisesti kutsua hengellistä vaikutusta.
4. **Trauma ja hyväksikäyttö** – Seksuaalinen hyväksikäyttö, väkivaltainen trauma tai hylkääminen voivat avata sielun sortaville hengille.
5. **Seksuaalinen synti ja sielulliset siteet** – Laittomat seksuaaliset liitot luovat usein hengellisiä siteitä ja henkien siirtymistä.
6. **New Age ja väärä uskonto** – Kristallit, jooga, henkioppaat, horoskoopit ja "valkoinen noituus" ovat peiteltyjä kutsuja.
7. **Katkeruus ja anteeksiantamattomuus** – Nämä antavat demonisille hengille laillisen oikeuden piinata (ks. Matteus 18:34).

Maailmanlaajuinen todistuksen kohokohta: *Lourdes Valdivia (Bolivia)*
Vain 7-vuotiaana Lourdes tutustutti noituuteen äitinsä, pitkäaikaisen okkultistin, kautta. Lourdesin talo oli täynnä symboleja, hautausmaiden luita ja taikakirjoja. Hän koki astraaliprojektioita, ääniä ja piinaa ennen kuin lopulta löysi Jeesuksen ja vapautui. Hänen tarinansa on yksi monista – se osoittaa, kuinka varhainen altistuminen noituudelle ja sukupolvien vaikutus avaavat ovia hengelliseen orjuuteen.

Suurempien hyötyjen viite:
Tarinoita siitä, kuinka ihmiset tietämättään avasivat ovia "vaarattomilla" toimilla – vain joutuakseen pimeyden pauloihin – löytyy kirjoista *Greater Exploits 14* ja *Delivered from the Power of Darkness* (katso liite) .

Keskeinen näkemys
Vihollinen harvoin tunkeutuu sisään. Hän odottaa oven raottamista. Se, mikä tuntuu viattomalta, perinnölliseltä tai viihdyttävältä, voi joskus olla juuri se portti, jota vihollinen tarvitsee.

Pohdintapäiväkirja

- Mitkä hetket elämässäni ovat saattaneet toimia hengellisinä lähtökohtina?
- Onko olemassa "vaarattomia" perinteitä tai esineitä, joista minun pitäisi luopua?
- Pitääkö minun luopua jostakin menneisyydestäni tai sukulinjastani?

Luopumisen rukous
Isä, suljen jokaisen oven, jonka minä tai esi-isäni olemme saattaneet avata pimeydelle. Sanoudun irti kaikista sopimuksista, sielullisista siteistä ja altistumisesta kaikelle epäpyhälle. Katkaisen jokaisen ketjun Jeesuksen veren kautta. Julistan ruumiini, sieluni ja henkeni kuuluvan yksin Kristukselle. Jeesuksen nimessä. Aamen.

LUKU 4: ILMENNYKSET – OMISTAMISTA PAKKOMMELLE

"Kun saastainen henki lähtee ihmisestä, se kuljeksii autioita paikkoja etsien lepoa, mutta ei löydä sitä. Silloin se sanoo: 'Minä palaan takaisin siihen taloon, josta lähdin.'" – Matteus 12:43

Kun ihminen joutuu pimeyden valtakunnan vaikutuksen alaiseksi, ilmentymät vaihtelevat myönnetyn demonisen pääsyn tason mukaan. Hengellinen vihollinen ei tyydy vierailuun – hänen perimmäisenä tavoitteenaan on asuminen ja hallinta.

Manifestaation tasot

1. **Vaikutusvalta** – Vihollinen saa vaikutusvaltaa ajatusten, tunteiden ja päätösten kautta.
2. **Sorto** – Ulkoista painetta, raskautta, hämmennystä ja piinaa on.
3. **Pakkomielle** – Henkilö jumiutuu synkkiin ajatuksiin tai pakonomaiseen käyttäytymiseen.
4. **Riivaus** – Harvinaisissa mutta todellisissa tapauksissa demonit valtaavat ihmisen ja ohittavat hänen tahdon, äänen tai kehonsa.

Manifestaation aste liittyy usein hengellisen kompromissin syvyyteen.

Globaalit tapaustutkimukset manifestaatiosta

- **Afrikka:** Tapauksia henkisestä avioliitosta, hulluudesta ja rituaaliorjuudesta.
- **Eurooppa:** Uuden ajan hypnoosi, astraaliprojektio ja mielen pirstoutuminen.
- **Aasia:** Sielunsiteet esi-isiin, jälleensyntymisansoja ja verilinjalupauksia.

- **Etelä-Amerikka:** Shamanismi, henkioppaat, selvänäkijän riippuvuus.
- **Pohjois-Amerikka:** Noituus mediassa, "harmittomat" horoskoopit, päihteiden käyttöön liittyvät portit.
- **Lähi-itä:** Džinnien kohtaamisia, veriluvanoja ja profeettojen väärennöksiä.

Jokainen manner esittelee ainutlaatuisen naamionsa samasta demonisesta järjestelmästä – ja uskovien on opittava tunnistamaan merkit.

Demonisen toiminnan yleisiä oireita

- Toistuvat painajaiset tai unihalvaus
- Äänet tai henkinen piina
- Pakonomaista syntiä ja toistuvaa luopumista
- Selittämättömät sairaudet, pelko tai raivo
- Yliluonnollinen voima tai tieto
- Äkillinen vastenmielisyys hengellisiä asioita kohtaan

Keskeinen näkemys

Se, mitä kutsumme "mielenterveydellisiksi", "tunneperäisiksi" tai "lääketieteellisiksi" ongelmiksi, voi joskus olla hengellistä. Ei aina – mutta riittävän usein, että erottelukyky on ratkaisevan tärkeää.

Pohdintapäiväkirja

- Olenko huomannut toistuvia kamppailuja, jotka vaikuttavat luonteeltaan hengellisiltä?
- Onko perheessäni sukupolvien ajan periytyviä tuhon kaavoja?
- Millaista mediaa, musiikkia tai ihmissuhteita päästän elämääni?

Luopumisen rukous

Herra Jeesus, sanoudun irti jokaisesta salatusta sopimuksesta, avoimesta ovesta ja jumalattomasta liitosta elämässäni. Katkaisen siteet kaikkeen, mikä ei ole Sinusta – tietoisesti tai tietämättäni. Kutsun Pyhän Hengen tulen kuluttamaan kaikki pimeyden rippeet elämässäni. Vapauta minut täysin. Sinun mahtavassa nimessäsi. Aamen.

LUKU 5: SANAN VOIMA – USKOVIEN AUKTORITEETTI

"**K**atso, minä annan teille vallan tallata käärmeitä ja skorpioneja ja kaikkea vihollisen voimaa, eikä mikään ole teitä vahingoittava." - Luukas 10:19

Monet uskovat elävät pimeyden pelossa, koska he eivät ymmärrä kantamaansa valoa. Raamattu kuitenkin paljastaa, että **Jumalan sana ei ole vain miekka (Efesolaiskirje 6:17)** – se on tuli (Jeremia 23:29), vasara, siemen ja itse elämä. Valon ja pimeyden välisessä taistelussa ne, jotka tuntevat ja julistavat Sanaa, eivät ole koskaan uhreja.

Mikä tämä voima on?

Uskovien valta on **delegoitua auktoriteettia**. Kuten virkamerkkiä kantava poliisi, me emme seiso omassa voimassamme, vaan **Jeesuksen nimessä** ja Jumalan sanan kautta. Kun Jeesus voitti Saatanan erämaassa, hän ei huutanut, itkenyt tai panikoinut – hän yksinkertaisesti sanoi: *"Kirjoitettu on."*

Tämä on kaiken hengellisen sodankäynnin malli.

Miksi monet kristityt kärsivät tappion

1. **Tietämättömyys** – He eivät tiedä, mitä Sana sanoo heidän identiteetistään.
2. **Hiljaisuus** – He eivät julista Jumalan sanaa tilanteiden yli.
3. **Epäjohdonmukaisuus** – He elävät synnin kiertokulussa, joka heikentää itseluottamusta ja pääsyä yhteisöön.

Voitto ei ole sitä, että huutaa kovempaa; se on sitä, että **uskoo syvemmälle** ja **julistaa rohkeasti**.

Auktoriteetti toiminnassa – Globaaleja tarinoita

- **Nigeria:** Kulttien loukkuun jäänyt nuori poika vapautui, kun hänen äitinsä voiteli johdonmukaisesti hänen huoneensa voidellun öljyn ja

lausui psalmin 91 joka ilta.
- **Yhdysvallat:** Entinen wiccalainen nainen hylkäsi noituuden sen jälkeen, kun työtoveri julisti hiljaa pyhiä kirjoituksia hänen työtilassaan päivittäin kuukausien ajan.
- **Intia:** Uskova julisti Jesajan jakeen 54:17 kohdatessaan jatkuvia mustan magian hyökkäyksiä – hyökkäykset loppuivat ja hyökkääjä tunnusti.
- **Brasilia:** Nainen käytti Roomalaiskirjeen 8. luvun päivittäisiä julistuksia itsemurha-ajatustensa torjumiseksi ja alkoi vaeltaa yliluonnollisessa rauhassa.

Sana on elävä. Se ei tarvitse täydellisyyttämme, vain uskoamme ja tunnustustamme.

Kuinka käyttää sanaa sodankäynnissä

1. identiteettiin, voittoon ja suojelukseen liittyviä **pyhien kirjoitusten kohtia** .
2. **Puhu Sanaa ääneen** , erityisesti hengellisten hyökkäysten aikana.
3. **Käytä sitä rukouksessa** julistaen Jumalan lupauksia eri tilanteissa.
4. **Paastota + Rukoile** Sana ankkurinasi (Matteus 17:21).

Sodankäynnin perustavanlaatuiset pyhät kirjoitukset

- *2. Korinttilaisille 10:3–5* – Linnoitusten hajottaminen
- *Jesaja 54:17* – Mikään valmistettu ase ei menesty
- *Luukas 10:19* – Valta vihollisen yli
- *Psalmi 91* – Jumalallinen suojelus
- *Ilmestyskirja 12:11* – Veren ja todistuksen voittaminen

Keskeinen näkemys

Jumalan sana sinun suussasi on yhtä voimallinen kuin Jumalan sana – kun se puhutaan uskossa.

Pohdintapäiväkirja

- Tiedänkö hengelliset oikeuteni uskovana?

- Minkä pyhien kirjoitusten kohtien pohjalla aktiivisesti seison tänään?
- Olenko antanut pelon tai tietämättömyyden vaientaa auktoriteettini?

Voimaantumisen rukous

Isä, avaa silmäni sille auktoriteetille, joka minulla on Kristuksessa. Opeta minua käyttämään Sanaasi rohkeasti ja uskossa. Missä olen antanut pelon tai tietämättömyyden hallita, anna ilmestyksen tulla. Seison tänään Jumalan lapsena, aseistautuneena Hengen miekalla. Minä puhun Sanan. Seison voittaen. En pelkää vihollista - sillä suurempi on Hän, joka on minussa. Jeesuksen nimessä. Aamen.

PÄIVÄ 1: VERILINJAT JA PORTIT — PERHEKETJUJEN MURTAMINEN

"*Meidän isämme ovat tehneet syntiä, eivätkä he ole enää, ja me kannamme heidän rangaistustaan.*" - Valitusvirret 5:7

Saatat olla pelastettu, mutta verilinjallasi on silti historia – ja kunnes vanhat liitot rikotaan, ne jatkavat puhumista.

Jokaisella mantereella on kätkettyjä alttareita, esi-isien välisiä sopimuksia, salaisia lupauksia ja perittyjä pahuuksia, jotka pysyvät voimassa, kunnes niihin puututaan nimenomaisesti. Se, mikä alkoi isovanhemmista, saattaa edelleen vaatia nykyajan lasten kohtaloita.

Globaalit lausekkeet

- **Afrikka** – Sukujumalat, oraakkelit, sukupolvien noituus, veriuhrit.
- **Aasia** – Esi-isien palvonta, jälleensyntymissiteet, karmaketjut.
- **Latinalainen Amerikka** – Santeria, kuolemanalttarit, shamanistiset verivalat.
- **Eurooppa** – vapaamuurarius, pakanalliset juuret, verilinjasopimukset.
- **Pohjois-Amerikka** – New Age -perintöjä, vapaamuurarien sukulinjaa, okkulttisia esineitä.

Kirous jatkuu, kunnes joku nousee sanomaan: "Ei enää!"

Syvempi todistus – Paraneminen juurista

Länsiafrikkalainen nainen tajusi luettuaan teoksen *Greater Exploits 14:n* ja tajusi, että hänen krooniset keskenmenonsa ja selittämättömät piinansa liittyivät hänen isoisänsä asemaan pyhäkköpappina. Hän oli ottanut Kristuksen vastaan vuosia sitten, mutta ei ollut koskaan käsitellyt perheliittoja.

Kolmen päivän rukouksen ja paaston jälkeen hänet johdatettiin tuhoamaan tiettyjä perintökalleuksia ja irtisanoutumaan liitoista käyttäen Galatalaiskirjeen jaetta 3:13. Samassa kuussa hän tuli raskaaksi ja kantoi lapsen täysiaikaisena. Nykyään hän johtaa muita parantamis- ja vapautustyössä.

Eräs toinen latinalaisamerikkalainen mies, kirjasta *Delivered from the Power of Darkness (Pimeyden vallasta vapautettu)*, löysi vapauden hylättyään isoisänsä salaa perimän vapaamuurarien kirouksen. Kun hän alkoi soveltaa raamatunkohtia, kuten Jesajan kirjan 49:24–26, ja osallistua vapautusrukouksiin, hänen henkinen piinansa lakkasi ja rauha palautui hänen kotiinsa.

Nämä tarinat eivät ole sattumia – ne ovat todistuksia totuudesta toiminnassa.

Toimintasuunnitelma – Perheinventaario

1. Kirjoita muistiin kaikki tunnetut suvun uskomukset, käytännöt ja yhteydet – uskonnolliset, mystiset tai salaseurat.
2. Pyydä Jumalalta ilmestystä kätketyistä alttareista ja sopimuksista.
3. Rukoillen tuhoa ja hävitä kaikki epäjumalanpalvelukseen tai okkultismiin liittyvät esineet.
4. Paastota johdatuksen mukaan ja käytä alla olevia raamatunkohtia lain rikkomiseen:
    - 3. Moos. 26:40–42
    - Jesaja 49:24–26
    - Galatalaiskirje 3:13

RYHMÄKESKUSTELU JA hakemus

- Mitä yleisiä perhekäytäntöjä usein sivuutetaan harmittomina, mutta ne voivat olla hengellisesti vaarallisia?
- Pyydä jäseniä jakamaan nimettömästi (tarvittaessa) unia, esineitä tai toistuvia kiertokulkuja verilinjassaan.
- Ryhmärukous luopumisesta – jokainen voi lausua luopuvan perheen tai asian nimen.

Palveluvälineitä: Tuo voiteluöljyä. Tarjoa ehtoollinen. Johda ryhmää liiton rukouksessa korvaamisesta – omista jokainen sukulinja Kristukselle.

Keskeinen näkemys

Uudestisyntyminen pelastaa henkesi. Perheliittojen rikkominen suojelee kohtaloasi.

Pohdintapäiväkirja

- Mikä on perheessäni yleistä? Minkä täytyy loppua minussa?
- Onko kodissani esineitä, nimiä tai perinteitä, jotka pitäisi poistaa?
- Mitä ovia esi-isäni avasivat, jotka minun nyt pitäisi sulkea?

Vapautuksen rukous

Herra Jeesus, kiitän Sinua verestäsi, joka puhuu parempia asioita. Tänään sanoudun irti jokaisesta kätketystä alttarista, sukuliitosta ja peritystä orjuudesta. Katkaisen verilinjani kahleet ja julistan olevani uusi luomus. Elämäni, perheeni ja kohtaloni kuuluvat nyt yksin Sinulle. Jeesuksen nimessä. Aamen.

PÄIVÄ 2: UNIEN VALTAUKSET — KUN YÖSTÄ MUUTTUU TAISTELUKENTTÄ

"Ihmisten nukkuessa hänen vihollisensa tuli ja kylvi rikkaviljaa vehnän sekaan ja meni pois." - Matteus 13:25

Monille suurin hengellinen sodankäynti ei tapahdu valveilla ollessa – se tapahtuu heidän nukkuessaan.

Unet eivät ole vain satunnaista aivotoimintaa. Ne ovat hengellisiä portaaleja, joiden kautta vaihdetaan varoituksia, hyökkäyksiä, liittoja ja kohtaloita. Vihollinen käyttää unta hiljaisena taistelukenttänä kylvääkseen pelkoa, himoa, hämmennystä ja viivytystä – kaikki tämä ilman vastarintaa, koska useimmat ihmiset eivät ole tietoisia sodankäynnistä.

Globaalit lausekkeet

- **Afrikka** – Hengelliset puolisot, käärmeet, unissa syöminen, naamiaiset.
- **Aasia** – Kohtaamisia esi-isien kanssa, kuolemanunia, karmallista piinaa.
- **Latinalainen Amerikka** – Eläimellisiä demoneja, varjoja, unihalvaus.
- **Pohjois-Amerikka** – Astraaliprojektio, avaruusolentojen unet, traumojen uusinnat.
- **Eurooppa** – goottilaiset ilmentymät, seksidemonit (incubus/succubus), sielun pirstoutuminen.

Jos Saatana voi hallita uniasi, hän voi vaikuttaa kohtaloosi.

Todistus – Yön kauhusta rauhaan

Nuori nainen Yhdistyneestä kuningaskunnasta lähetti sähköpostia luettuaan *kirjan Ex-Satanist: The James Exchange* . Hän kertoi, kuinka vuosien ajan häntä olivat vaivanneet unet, joissa häntä jahdattiin, koirat purivat tai hän makasi outojen miesten kanssa – ja aina tätä seurasivat takaiskut tosielämässä. Hänen ihmissuhteensa kariutuivat, työmahdollisuudet katosivat ja hän oli jatkuvasti uupunut.

Paastoamalla ja tutkimalla pyhiä kirjoituksia, kuten Jobin kirjan 33:14–18, hän huomasi, että Jumala puhuu usein unien kautta – mutta niin tekee myös vihollinen. Hän alkoi voidella päätään öljyllä, torjua pahat unet ääneen herätessään ja pitää unipäiväkirjaa. Vähitellen hänen unensa selkiytyivät ja rauhoittuivat. Nykyään hän johtaa tukiryhmää nuorille naisille, jotka kärsivät unikohtauksista.

Nigerialainen liikemies tajusi YouTube-kertomuksen kuunneltuaan unensa, jossa hänelle tarjoiltiin ruokaa joka ilta, liittyvän noituuteen. Joka kerta, kun hän unessaan otti ruoan vastaan, asiat menivät pieleen hänen liiketoiminnassaan. Hän oppi unessa hylkäämään ruoan välittömästi, rukoilemaan kielillä ennen nukkumaanmenoa ja näkee nyt sen sijaan jumalallisia strategioita ja varoituksia.

Toimintasuunnitelma – Vahvista yövartiosi

1. **Ennen nukkumaanmenoa:** Lue ääneen raamatunkohtia. Palvo Jumalaa. Voitele pääsi öljyllä.
2. **Unipäiväkirja:** Kirjoita ylös jokainen uni herätessäsi – hyvä tai paha. Pyydä Pyhältä Hengeltä tulkintaa.
3. **Torju ja kiellä:** Jos uni sisältää seksuaalista kanssakäymistä, kuolleita sukulaisia, syömistä tai orjuutta – kiellä se välittömästi rukouksessa.
4. **Raamatun sodankäynti:**
    - *Psalmi 4:8* – Rauhallinen uni
    - *Job 33:14–18* – Jumala puhuu unien kautta
    - *Matteus 13:25* – Vihollinen kylvää rikkaviljaa
    - *Jesaja 54:17* — Ei ole asetettu sinua vastaan

Ryhmähakemus

- Jaa viimeaikaiset unet nimettömästi. Anna ryhmän erottaa kaavoja ja merkityksiä.
- Opeta jäsenille, kuinka pahat unet torjutaan suullisesti ja hyvät unet sinetöidään rukouksessa.

- Ryhmäjulistus: "Kiellämme demoniset tapahtumat unissamme, Jeesuksen nimessä!"

Palvelutyön työkalut:

- Ota mukaan paperia ja kyniä unipäiväkirjan kirjoittamista varten.
- Näytä, miten koti ja sänky voidellaan.
- Tarjoa ehtoollinen liiton sinetiksi yöksi.

Keskeinen näkemys
Unet ovat joko portteja jumalallisiin kohtaamisiin tai demonisten ansaan. Erottelukyky on avainasemassa.

Pohdintapäiväkirja

- Millaisia unia olen jatkuvasti nähnyt?
- Käytänkö aikaa unelmieni pohtimiseen?
- Ovatko uneni varoittaneet minua jostakin, jonka olen jättänyt huomiotta?

Yövartion rukous
Isä, omistan uneni Sinulle. Älköön mikään paha voima heijastuko uniini. Torjun kaikki demoniset liitot, seksuaalisen saastutuksen tai manipuloinnin unissani. Saan jumalallista vierailua, taivaallista opetusta ja enkelien suojelusta nukkuessani. Täyttäköön yöni rauha, ilmestys ja voima. Jeesuksen nimessä, aamen.

PÄIVÄ 3: HENGELLISET PUOLISOT – EPÄPYHÄT LIITOKSET, JOTKA SITOVAT KOHTALOT

"*Sillä sinun Luojasi on sinun aviomiehesi – Herra Kaikkivaltias on hänen nimensä...*" – Jesaja 54:5

"*He uhrasivat poikansa ja tyttärensä riivaajille.*" – Psalmi 106:37

Vaikka monet huutavat avioliiton läpimurtoa, he eivät ymmärrä olevansa jo **hengellisessä avioliitossa** – sellaisessa, johon he eivät koskaan suostuneet.

Nämä ovat **liittoja, jotka on muodostettu unien, ahdistelun, veriritualien, pornografian, esi-isien valaehtoisten valojen tai demonien siirron kautta**. Henkipuoliso – incubus (mies) tai succubus (nais) – saa laillisen oikeuden henkilön kehoon, intiimiyteen ja tulevaisuuteen, usein estäen ihmissuhteita, tuhoten koteja, aiheuttaen keskenmenoja ja ruokkien riippuvuuksia.

Globaalit ilmentymät

- **Afrikka** – Merenhenget (Mami Wata), vesivaltakuntien henkivaimot/aviomiehet.
- **Aasia** – Taivaalliset avioliitot, karmalliset sielunkumppanin kiroukset, jälleensyntyneet puolisot.
- **Eurooppa** – Noituusliitot, vapaamuurari- tai druidijuurista peräisin olevat demoniset rakastavaiset.
- **Latinalainen Amerikka** – Santeria-avioliitot, rakkausloitsut, sopimukseen perustuvat "henkiavioliitot".
- **Pohjois-Amerikka** – Pornon aiheuttamat hengelliset portaalit, uuden ajan seksihenget, avaruusolentojen sieppaukset hautajaiskohtaamisten ilmentyminä.

Tositarinoita — Taistelu avioliiton vapaudesta

Tolu, Nigeria

Tolu oli 32-vuotias ja sinkku. Joka kerta kun hän kihlautui, mies katosi yhtäkkiä. Hän haaveili jatkuvasti häistä monimutkaisissa seremonioissa. Kirjassa *Greater Exploits 14* hän tunnisti tapauksensa vastaavan siellä jaettua todistusta. Hän osallistui kolmipäiväiseen paastoon ja iltaisin keskiyöllä sotarukouksiin katkaisten sielunsiteet ja ajaen ulos hänet riistävän merellisen hengen. Nykyään hän on naimisissa ja neuvoo muita.

Lina, Filippiinit

Lina tunsi usein öisin "läsnäolon" leijuvan hänen kanssaan. Hän luuli kuvittelevansa asioita, kunnes mustelmia alkoi ilmestyä hänen jalkoihinsa ja reisiinsä ilman selitystä. Hänen pastorinsa tunnisti hengellisen puolison. Hän tunnusti aiemman abortin ja pornografiariippuvuuden ja koki sitten vapautumisen. Nyt hän auttaa nuoria naisia tunnistamaan samanlaisia kaavoja yhteisössään.

Toimintasuunnitelma – Liiton rikkominen

1. **Tunnusta** ja kadu seksuaalisia syntejä, sielunsiteitä, okkultismiin liittyvää altistumista tai esi-isiisi liittyviä rituaaleja.
2. **Hylkää** rukouksessa kaikki hengelliset avioliitot – nimeltä mainiten, jos ne paljastetaan.
3. **Paastota** kolme päivää (tai niin kuin on ohjeistettu) käyttäen Jesajan kirjan lukua 54 ja psalmia 18 ankkuripyhien kirjoitusten lähteinä.
4. **Tuhoa** fyysisiä esineitä: sormuksia, vaatteita tai lahjoja, jotka liittyvät entisiin rakastajiin tai okkulttisiin yhteyksiin.
5. **Julista ääneen** :

En ole naimisissa minkään hengen kanssa. Olen liitossa Jeesuksen Kristuksen kanssa. Torjun kaikki demoniset liitot ruumiissani, sielussani ja hengessäni!

Raamatun työkalut

- Jesaja 54:4–8 – Jumala on sinun todellinen aviomieheni
- Psalmi 18 – Kuoleman köysien katkaiseminen
- 1. Korinttilaisille 6:15–20 – Teidän ruumiinne kuuluu Herralle
- Hoosea 2:6–8 – Jumalattomien liittojen rikkominen

Ryhmähakemus

- Kysy ryhmän jäseniltä: Oletko koskaan nähnyt unia häistä, seksistä tuntemattomien kanssa tai varjohahmoista yöllä?
- Johda hengellisten puolisoiden ryhmäluopumusta.
- Roolileiki "avioerotuomioistuin taivaassa" – jokainen osallistuja jättää hengellisen avioeron Jumalan eteen rukouksessa.
- Käytä voiteluöljyä päähän, vatsaan ja jalkoihin puhdistumisen, lisääntymisen ja liikkeen symboleina.

Keskeinen näkemys

Demonien avioliitot ovat todellisia. Mutta ei ole olemassa hengellistä liittoa, jota Jeesuksen veri ei voisi rikkoa.

Pohdintapäiväkirja

- Onko minulla ollut toistuvia unia avioliitosta tai seksistä?
- Onko elämässäni hylkäämisen, viivästymisen tai keskenmenon kaavoja?
- Olenko valmis luovuttamaan kehoni, seksuaalisuuteni ja tulevaisuuteni täysin Jumalalle?

Vapautuksen rukous

Taivaallinen Isä, kadun jokaista seksuaalisyntiä, tunnettua tai tuntematonta. Torjun ja sanoudun irti jokaisesta hengellisestä puolisosta, merihengestä tai okkulttisesta avioliitosta, joka vaatii henkeni. Jeesuksen veren voimalla rikon jokaisen liiton, unen siemenen ja sielunsiteen. Julistan olevani Kristuksen morsian, asetettu erilleen Hänen kunniakseen. Vaellan vapaana Jeesuksen nimessä. Aamen.

PÄIVÄ 4: KIROTUT ESINEET – OVET JOTKA SAAPUTTAVAT

"**Ä***läkä tuo taloosi mitään kauhistusta, ettet tulisi kirotuksi niin kuin se."* - 5. Mooseksen kirja 7:26

Piilotettu merkintä, jonka monet jättävät huomiotta

Kaikki omaisuus ei ole vain omaisuutta. Jotkut asiat kantavat historiaa. Toiset taas henkiä. Kirotut esineet eivät ole vain epäjumalia tai esineitä – ne voivat olla kirjoja, koruja, patsaita, symboleja, lahjoja, vaatteita tai jopa perittyjä perintökalleuksia, jotka aikoinaan omistettiin pimeyden voimille. Se, mitä on hyllylläsi, ranteessasi, seinälläsi – voi olla juuri se kohta, josta piina alkaa vyöryä elämääsi.

Globaalit havainnot

- **Afrikka** : Kalabassit, taikakalut ja rannekorut, jotka on sidottu noitalääkäreihin tai esi-isien palvontaan.
- **Aasia** : Amuletit, horoskooppipatsaat ja temppelimatkamuistot.
- **Latinalainen Amerikka** : Santería- kaulakorut, nuket, kynttilät, joissa on henkiaiheisia kaiverruksia.
- **Pohjois-Amerikka** : Tarot-kortit, Ouija-laudat, unisiepparit, kauhuaiheiset muistoesineet.
- **Eurooppa** : Pakanallisia pyhäinjäännöksiä, okkultismiin liittyviä kirjoja, noita-aiheisia asusteita.

Eurooppalainen pariskunta sairastui äkillisesti ja joutui hengellisen ahdistuksen valtaan palattuaan lomamatkalta Balilta. He eivät tienneet ostaneensa veistetyn patsaan, joka oli omistettu paikalliselle merenjumalalle. Rukoiltuaan ja mietittyään asiaa he ottivat patsaan pois ja polttivat sen. Rauha palasi välittömästi.

Toinen nainen *Greater Exploits* -todistuksista kertoi selittämättömistä painajaisista, kunnes paljastui, että hänen tätinsä lahjaksi antama kaulakoru oli itse asiassa pyhäkössä pyhitetty hengellinen valvontalaite.

Et siivoa kotiasi vain fyysisesti – sinun on siivottava se myös hengellisesti.

Todistus: "Nukke, joka minua tarkkaili"

Lourdes Valdivia, jonka tarinaa tutkimme aiemmin Etelä-Amerikasta, sai kerran posliininuken perhejuhlassa. Hänen äitinsä oli pyhittänyt sen okkulttisessa rituaalissa. Siitä yöstä lähtien, kun se tuotiin hänen huoneeseensa, Lourdes alkoi kuulla ääniä, kokea unihalvausta ja nähdä hahmoja öisin.

Vasta kun kristitty ystävä rukoili hänen kanssaan ja Pyhä Henki paljasti nuken alkuperän, hän pääsi siitä eroon. Demoninen läsnäolo katosi välittömästi. Tämä aloitti hänen heräämisensä – sorrosta vapautukseen.

Toimintasuunnitelma – Koti- ja sydäntarkastus

1. **Kävele kotisi jokaisen huoneen läpi** voiteluöljy ja Sana mukanasi.
2. **Pyydä Pyhää Henkeä** korostamaan esineitä tai lahjoja, jotka eivät ole Jumalasta.
3. **Polta tai hävitä** esineet, jotka liittyvät okkultismiin, epäjumalanpalvelukseen tai moraalittomuuteen.
4. **Sulje kaikki ovet** seuraavilla raamatunkohdilla:
    - *5. Mooseksen kirja 7:26*
    - *Apostolien teot 19:19*
    - *2. Korinttilaisille 6:16–18*

Ryhmäkeskustelu ja aktivointi

- Jaa kaikki aiemmin omistamasi esineet tai lahjat, joilla oli epätavallinen vaikutus elämääsi.
- Tehkää yhdessä "kodin siivouksen tarkistuslista".
- Määrää parit rukoilemaan toistensa kotiympäristöissä (luvalla).
- Kutsu paikallinen vapautuspastorina toimiva henkilö johtamaan profeetallista kodinpuhdistusrukousta.

Palvelutyön työkalut: Voiteluöljyä, ylistysmusiikkia, roskapusseja (oikeaan hävittämiseen) ja paloturvallinen astia hävitettäville tavaroille.

Keskeinen näkemys
Se, mitä sallit omassa tilassasi, voi valtuuttaa henkiä elämääsi.
Pohdintapäiväkirja

- Millä kodissani tai vaatekaapissani olevilla esineillä on epäselvä hengellinen alkuperä?
- Olenko pitänyt kiinni jostakin tunnearvon vuoksi, josta minun nyt on päästävä irti?
- Olenko valmis pyhittämään paikkani Pyhälle Hengelle?

Puhdistavan rukouksen
Herra Jeesus, kutsun Pyhää Henkeäsi paljastamaan kodissani kaiken, mikä ei ole Sinusta. Sanoudun irti jokaisesta kirotusta esineestä, lahjasta tai esineestä, joka oli sidottu pimeyteen. Julistan kotini pyhäksi maaksi. Anna rauhasi ja puhtautesi asua täällä. Jeesuksen nimessä. Aamen.

PÄIVÄ 5: Lumottu ja petetty – vapaudutaan ennustelun hengestä

"Korkeimman Jumalan palvelijoita , jotka julistavat teille pelastuksen tien." – *Apostolien teot 16:17 (KR92)*

"Mutta Paavali närkästyi suuresti, kääntyi ja sanoi hengelle: 'Jeesuksen Kristuksen nimessä minä käsken sinua lähtemään hänestä.' Ja henki lähti ulos juuri sillä hetkellä." – *Apostolien teot 16:18*

Ennustuksen ja ennustamisen välillä on ohut raja – ja monet ylittävät sen nykyään edes tietämättään.

YouTube-profeettojen "henkilökohtaisista sanoista" veloittamisesta sosiaalisen median tarot-korttien lukijoihin, jotka lainaavat pyhiä kirjoituksia, maailmasta on tullut hengellisen melun markkinapaikka. Ja traagista kyllä, monet uskovat juovat tietämättään saastuneista puroista.

Ennustuksen henki matkii Pyhää Henkeä. Se imartelee, viettelee, manipuloi tunteita ja kietoo uhrinsa kontrollin verkkoon. Sen tavoite? **Hengellinen kietoutuminen, pettäminen ja orjuuttaminen.**

Ennustuksen globaalit ilmaisut

- **Afrikka** – oraakkelit, ifá- papit, vesimeediot, profeetallinen petos.
- **Aasia** – Kädestäennustajat, astrologit, esi-isien näkijät, jälleensyntymisen "profeetat".
- **Latinalainen Amerikka** – Santeria-profeetat, taikakalujen tekijät, pimeyden voimia omaavat pyhimykset.
- **Eurooppa** – Tarot-kortit, selvänäköisyys, keskiympyrät, New Age -kanavointi.
- **Pohjois-Amerikka** – "kristilliset" meediot, numerologia kirkoissa, enkelikortit, Pyhäksi Hengeksi naamioidut henkioppaat.

Vaarallista ei ole vain se, mitä sanotaan, vaan sen takana oleva **henki**.

Todistus: Selvänäkijästä Kristukseen

Amerikkalainen nainen todisti YouTubessa, kuinka hän siirtyi "kristillisestä naisprofeetasta" siihen, että hän tajusi toimivansa ennustushengen alaisena. Hän alkoi nähdä näkyjä selkeinä, antaa yksityiskohtaisia profeetallisia sanoja ja vetää puoleensa suuria ihmisjoukkoja verkkoon. Mutta hän taisteli myös masennusta ja painajaisia vastaan, ja hän kuuli kuiskauksia jokaisen ennusteen jälkeen.

Eräänä päivänä, katsoessaan opetusta *Apostolien teoista 16*, hän tajusi, ettei ollut koskaan alistunut Pyhälle Hengelle – ainoastaan lahjalleen. Syvän katumuksen ja vapautumisen jälkeen hän tuhosi enkelikorttinsa ja rituaaleilla täytetyn paastopäiväkirjansa. Nykyään hän saarnaa Jeesusta, ei enää "sanoja".

Toimintasuunnitelma – Henkien koetteleminen

1. Kysy: Vetääkö tämä sana/lahja minua **Kristuksen luo** vai sen **antajan luo**?
2. Koetele jokaista henkeä *1. Johanneksen kirjeen 4:1–3 avulla*.
3. Kadu kaikkea osallisuuttasi psyykkisiin, okkulttisiin tai väärennettyihin profetioihin.
4. Katkaise kaikki sielulliset siteet vääriin profeettoihin, ennustajiin tai noituuden opettajiin (myös verkossa).
5. Julista rohkeasti:

"Torjun jokaisen valehtelevan hengen. Kuulun yksin Jeesukselle. Korvani ovat viritettyjä kuulemaan Hänen äänensä!"

Ryhmähakemus

- Keskustele: Oletko koskaan seurannut profeettaa tai hengellistä opasta, joka myöhemmin osoittautui vääräksi?
- Ryhmäharjoitus: Johdata jäseniä luopumaan tietyistä käytännöistä, kuten astrologiasta, sieluntulkinnasta, meediopeleistä tai hengellisistä vaikuttajista, jotka eivät ole Kristukseen juurtuneita.
- Kutsu Pyhä Henki: Varaa 10 minuuttia hiljaisuuteen ja kuunteluun. Kerro sitten, mitä Jumala ilmoittaa – jos mitään.
- Polta tai poista ennustamiseen liittyviä digitaalisia/fyysisiä

materiaaleja, kuten kirjoja, sovelluksia, videoita tai muistiinpanoja.

Palvelutyökalut:

Vapautusöljy, risti (alistumisen symboli), ämpäri/astia symbolisten esineiden hävittämiseen, Pyhään Henkeen keskittyvä ylistysmusiikki.

Keskeinen näkemys

Kaikki yliluonnollinen ei ole Jumalasta. Todellinen profetia kumpuaa läheisestä yhteydestä Kristukseen, ei manipuloinnista tai spektaakkelia.

Pohdintapäiväkirja

- Olenko koskaan tuntenut vetoa psyykkisiin tai manipuloiviin hengellisiin harjoituksiin?
- Olenko riippuvaisempi "sanoista" kuin Jumalan sanasta?
- Mille äänille olen antanut pääsyn, jotka nyt pitäisi vaientaa?

VAPAUTUKSEN RUKOUS

Isä, olen eri mieltä jokaisen ennustamisen, manipuloinnin ja väärien profetioiden hengen kanssa. Kadun sitä, että etsin johdatusta muualla kuin Sinun äänessäsi. Puhdista mieleni, sieluni ja henkeni. Opeta minua vaeltamaan yksin Sinun Henkesi kautta. Suljen jokaisen oven, jonka avasin okkultismille, tietoisesti tai tietämättäni. Julistan, että Jeesus on minun Paimeneni, ja kuulen vain Hänen äänensä. Jeesuksen mahtavassa nimessä, aamen.

PÄIVÄ 6: SILMÄN PORTIT – PIMEYDEN PORTTIEN SULKEMINEN

"Silmä on ruumiin lamppu. Jos silmäsi ovat terveet, koko ruumiisi on valaistu."
– *Matteus 6:22 (KR92)*
"En aseta silmieni eteen mitään pahaa…" – *Psalmi 101:3 (KR92)*

Hengellisessä maailmassa **silmäsi ovat portteja.** Se, mikä kulkee silmiesi läpi, vaikuttaa sieluusi – puhtauteen tai saastumiseen. Vihollinen tietää tämän. Siksi mediasta, kuvista, pornografiasta, kauhuelokuvista, okkultismin symboleista, muotitrendeistä ja viettelevästä sisällöstä on tullut taistelukenttiä.

Sota huomiostasi on sota sielustasi.

Se, mitä monet pitävät "harmittomana viihteenä", on usein koodattu kutsu – himoon, pelkoon, manipulointiin, ylpeyteen, turhamaisuuteen, kapinaan tai jopa demoniseen kiintymyksen kohteeksi.

Visuaalisen pimeyden globaalit portit

- **Afrikka** – Rituaalielokuvat, Nollywood-teemat, jotka normalisoivat noituutta ja moniavioisuutta.
- **Aasia** – Anime ja manga henkisillä portaaleilla, viettelevillä henkiolennoissa ja astraalimatkailulla.
- **Eurooppa** – goottilainen muoti, kauhuelokuvat, vampyyrihulluudet, saatanallinen taide.
- **Latinalainen Amerikka** – Telenovelat, jotka ylistävät noituutta, kirouksia ja kostoa.
- **Pohjois-Amerikka** – Valtamedia, musiikkivideot, pornografia, "söpöt" demoniset piirretyt.

Se, mitä jatkuvasti tuijotat, antaa sinulle turtumisen tunteen.

Tarina: "Sarjakuva, joka kirosi lapseni"

Yhdysvaltalainen äiti huomasi, että hänen viisivuotias lapsensa alkoi huutaa öisin ja piirtää häiritseviä kuvia. Rukouksen jälkeen Pyhä Henki osoitti hänelle sarjakuvan, jota hänen poikansa oli katsonut salaa – se oli täynnä loitsuja, puhuvia henkiä ja symboleja, joita hän ei ollut huomannut.

Hän poisti ohjelmat ja voiteli talonsa ja ruudunsa. Useiden yökeskiyörukousten ja psalmin 91 kuuntelun jälkeen hyökkäykset lakkasivat ja poika alkoi nukkua rauhallisesti. Nykyään hän johtaa tukiryhmää, joka auttaa vanhempia vartioimaan lastensa näköportteja.

Toimintasuunnitelma – Silmäportin puhdistaminen

1. Tee **mediatarkastus** : Mitä katsot? Luetko? Selailetko?
2. Peruuta tilaukset tai alustat, jotka ruokkivat lihaasi uskosi sijaan.
3. Voitele silmäsi ja verkkoneesi julistamalla Psalmia 101:3.
4. Korvaa roska jumalallisella palautteella – dokumenteilla, jumalanpalveluksella, puhtaalla viihteellä.
5. Julistaa:

"En aseta silmieni eteen mitään iljettävää. Näköni kuuluu Jumalalle."

Ryhmähakemus

- Haaste: 7 päivän silmäportin paasto — ei myrkyllistä mediaa, ei tyhjää selaamista.
- Jaa: Minkä sisällön katsomisen Pyhä Henki on käskenyt sinua lopettamaan?
- Harjoitus: Laita kätesi silmillesi ja irtisanoudu kaikesta näköön liittyvästä saastuttamisesta (esim. pornografia, kauhu, turhamaisuus).
- Aktiviteetti: Kehota jäseniä poistamaan sovelluksia, polttamaan kirjoja tai hävittämään esineitä, jotka vahingoittavat heidän näköään.

Työkalut: Oliiviöljy, vastuullisuussovellukset, pyhien kirjoitusten näytönsäästäjät, Eye Gate -rukouskortit.

Keskeinen näkemys

Et voi vallata demoneja, jos ne viihdyttävät sinua.

Pohdintapäiväkirja

- Mitä ruokin silmiäni, mikä saattaa ruokkia pimeyttä elämässäni?
- Milloin viimeksi itkin sitä, mikä särkee Jumalan sydämen?
- Olenko antanut Pyhälle Hengelle täyden hallinnan ruutuaikaani?

Puhtauden rukous
Herra Jeesus, pyydän, että veresi pesee silmäni. Anna anteeksi se, mitä olen päästänyt sisääni ruutujeni, kirjojeni ja mielikuvitukseni kautta. Tänään julistan, että silmäni ovat valoa, eivät pimeyttä varten. Torjun jokaisen kuvan, himon ja vaikutuksen, joka ei ole Sinulta. Puhdista sieluni. Varjele katsettani. Ja anna minun nähdä, mitä Sinä näet – pyhyydessä ja totuudessa. Aamen.

PÄIVÄ 7: NIMIEN TAKANA PIILOTTUVA VOIMA — EPÄPYHISTÄ IDENTITEETEISTÄ LUOPUMINEN

"Ja Jabes huusi avuksi Israelin Jumalaa sanoen: 'Oi, jospa sinä siunaisit minua...' Niin Jumala antoi hänelle, mitä hän pyysi."
– *1. Aikakirja 4:10*

"Sinua älköön enää kutsuttako Abramiksi, vaan Abrahamiksi..." – *1. Moos. 17:5*

Nimet eivät ole vain nimilappuja – ne ovat hengellisiä julistuksia. Raamatussa nimet heijastivat usein kohtaloa, persoonallisuutta tai jopa kahleutta. Jonkin nimeäminen antaa sille identiteetin ja suunnan. Vihollinen ymmärtää tämän – siksi monet ihmiset ovat tietämättään loukussa tietämättömyyden, tuskan tai hengellisen kahleuden vuoksi annettujen nimien alla.

Aivan kuten Jumala muutti nimet (Abramista Abrahamiin, Jaakobista Israeliin, Saarasta Saaraan), Hän muuttaa edelleen kohtaloita antamalla kansansa nimiä uudelleen.

Nimisidonnan globaalit kontekstit

- **Afrikka** – Lapset, jotka on nimetty kuolleiden esi-isien tai epäjumalien mukaan ("Ogbanje", "Dike", " Ifunanya " merkityksineen).
- **Aasia** – Karmisiin sykleihin tai jumaluuksiin liittyvät jälleensyntymisnimet.
- **Eurooppa** – Pakanalliseen tai noituuteen liittyvät nimet (esim. Freya, Thor, Merlin).
- **Latinalainen Amerikka** – Santeriasta vaikutteita saaneet nimet, erityisesti hengellisten kasteiden kautta.

- **Pohjois-Amerikka** – Nimet on otettu popkulttuurista, kapinaliikkeistä tai esi-isien omistautumisista.

Nimillä on merkitystä – ja ne voivat kantaa voimaa, siunausta tai orjuutta.

Tarina: "Miksi minun piti vaihtaa tyttäreni nimi"

Jaksossa *Greater Exploits 14* nigerialainen pariskunta nimesi tyttärensä "Amakaksi", joka tarkoittaa "kaunista", mutta tämä kärsi harvinaisesta sairaudesta, joka hämmensi lääkäreitä. Profeetallisessa konferenssissa äiti sai ilmestyksen: nimeä oli aikoinaan käyttänyt hänen isoäitinsä, noita, jonka henki nyt vaati lasta.

He muuttivat hänen nimensä muotoon " Oluwatamiloren " (Jumala on siunannut minua), minkä jälkeen he paastosivat ja rukoilivat. Lapsi toipui täysin.

Toinen intialainen tapaus koski miestä nimeltä "Karma", joka kamppaili sukupolvien kirousten kanssa. Irtisanouduttuaan hindulaisista siteistä ja vaihdettuaan nimensä "Jonathaniksi", hän alkoi kokea läpimurtoa taloudessa ja terveydessä.

Toimintasuunnitelma – Nimesi tutkiminen

1. Tutki nimiesi koko merkitystä – etunimi, toinen nimi, sukunimi.
2. Kysy vanhemmiltasi tai vanhemmilta ihmisiltä, miksi sinulle annettiin nuo nimet.
3. Luovu rukouksessa negatiivisista hengellisistä merkityksistä tai omistautumisesta.
4. Julista jumalallista identiteettiäsi Kristuksessa:

"Minua on kutsuttu Jumalan nimellä. Minun uusi nimeni on kirjoitettu taivaassa." (Ilmestyskirja 2:17)

RYHMÄN SITOUTTAMINEN

- Kysy jäseniltä: Mitä nimesi tarkoittaa? Oletko nähnyt siihen liittyviä unia?
- Pidä "nimeämisrukous" – julista profeetallisesti jokaisen henkilön

identiteetti.
- Puolustakaa kätenne niiden päälle, joiden täytyy irrottautua liittoihin tai esi-isien orjuuteen sidotuista nimistä.

Työkalut: Tulosta nimen merkityskortteja, tuo voiteluöljyä, käytä nimenmuutoksia käsitteleviä raamatunkohtia.

Keskeinen näkemys.
Et voi vaeltaa todellisessa identiteetissäsi ja silti vastata väärään.

Pohdintapäiväkirja

- Mitä nimeni tarkoittaa – hengellisesti ja kulttuurisesti?
- Tunnenko olevani samaa mieltä nimestäni vai ristiriidassa sen kanssa?
- Millä nimellä taivas minua kutsuu?

Uudelleennimeämisen rukous

Isä, Jeesuksen nimessä kiitän Sinua siitä, että annoit minulle uuden identiteetin Kristuksessa. Katkaisen jokaisen kirouksen, liiton tai demonisen siteen, joka liittyy nimiini. Sanoudun irti jokaisesta nimestä, joka ei ole sopusoinnussa tahtosi kanssa. Otan vastaan taivaan minulle antaman nimen ja identiteetin – täynnä voimaa, tarkoitusta ja puhtautta. Jeesuksen nimessä, aamen.

PÄIVÄ 8: VÄÄRÄN VALON PALJASTAMINEN — NEW AGE -ANSAT JA ENKELIEN PETOKSET

"*Eikä ihme! Itse Saatana tekeytyy valon enkeliksi.*" – 2. Korinttilaisille 11:14

"*Rakkaani, älkää jokaista henkeä uskoko, vaan koetelkaa henget, ovatko ne Jumalasta...*" – 1. Johanneksen kirje 4:1

Ei kaikki, mikä hehkuu, ole Jumala.

Nykymaailmassa yhä useammat ihmiset etsivät "valoa", "parantumista" ja "energiaa" Jumalan sanan ulkopuolelta. He kääntyvät meditaation, jooga-alttareiden, kolmannen silmän aktivointien, esi-isien kutsumisen, tarot-tulkintojen, kuurituaalien, enkelien kanavoinnin ja jopa kristilliseltä kuulostavan mystiikan puoleen. Petos on voimakas, koska se usein tuo mukanaan rauhaa, kauneutta ja voimaa – aluksi.

Mutta näiden liikkeiden takana ovat ennustamisen, väärien profetioiden ja muinaisten jumaluuksien henget, jotka käyttävät valon naamaria saadakseen laillisen pääsyn ihmisten sieluihin.

Väärän valon maailmanlaajuinen ulottuvuus

- **Pohjois-Amerikka** – Kristallit, salvian puhdistus, vetovoiman laki, meediot, avaruusolentojen valokoodit.
- **Eurooppa** – Uudelleenbrändätty pakanuus, jumalattaren palvonta, valkoinen noituus, hengelliset festivaalit.
- **Latinalainen Amerikka** – Santeria sekoittuu katolisiin pyhimyksiin ja spiritistiparantajiin (curanderoihin).
- **Afrikka** – Profeetallisia väärennöksiä, joissa käytetään enkelialttareita ja rituaalivettä.
- **Aasia** – chakrat, joogan "valaistuminen", jälleensyntymisterapia,

temppelihenget.

Nämä käytännöt voivat tarjota tilapäistä "valoa", mutta ajan myötä ne pimentävät sielua.

Todistus: Vapautus pettäneestä valosta

Greater Exploits 14: stä lähtien Mercy (UK) oli osallistunut enkelityöpajoihin ja harjoittanut "kristillistä" meditaatiota suitsukkeiden, kristallien ja enkelikorttien avulla. Hän uskoi pääsevänsä käsiksi Jumalan valoon, mutta alkoi pian kuulla ääniä unissaan ja tuntea selittämätöntä pelkoa öisin.

Hänen vapautumisensa alkoi, kun joku lahjoitti hänelle *Jameses Exchangen*, ja hän ymmärsi yhtäläisyydet omien kokemustensa ja entisen saatananpalvojan kokemusten välillä, joka puhui enkelien petoksista. Hän katui, tuhosi kaikki okkulttiset esineet ja alistui täyteen vapautusrukoukseen.

Nykyään hän todistaa rohkeasti kirkoissa esiintyvää New Age -harhaisuutta vastaan ja on auttanut muita luopumaan vastaavista poluista.

Toimintasuunnitelma – Henkien koetteleminen

1. **Inventoi käytäntöjäsi ja uskomuksiasi** – Ovatko ne linjassa Raamatun kanssa vai tuntuvatko ne vain hengellisiltä?
2. **Luovu ja tuhoa** kaikki väärän valon materiaalit: kristallit, joogaoppaat, enkelikortit, unisiepparit jne.
3. **Rukoile Psalmia 119:105** – pyydä Jumalaa tekemään Sanastaan ainoan valosi.
4. **Julista sota hämmennystä vastaan** – sido tutut henget ja väärät ilmestykset.

RYHMÄHAKEMUS

- **Keskustele** : Oletko sinä tai joku tuntemasi joutunut "hengellisten" käytäntöjen kohteeksi, jotka eivät keskittyneet Jeesukseen?
- **Roolipelin erottelukyky** : Lue otteita "hengellisistä" sanonnoista (esim. "Luota maailmankaikkeuteen") ja vertaa niitä Raamattuun.

- **Voitelu- ja vapautusistunto** : Murra alttarit väärälle valolle ja korvaa ne liitolla *maailman valolle* (Joh. 8:12).

Ministeriön työkalut :

- Tuo mukanasi oikeita New Age -esineitä (tai valokuvia niistä) esineopetukseen.
- Tarjoa vapautusrukous vainajahenkiä vastaan (ks. Ap. t. 16:16–18).

Keskeinen näkemys
Saatanan vaarallisin ase ei ole pimeys – se on väärennetty valo.

Pohdintapäiväkirja

- Olenko avannut hengellisiä ovia "valoisten" opetusten kautta, jotka eivät perustu Raamattuun?
- Luotanko Pyhään Henkeen vai intuitioon ja energiaan?
- Olenko valmis luopumaan kaikista väärän hengellisyyden muodoista Jumalan totuuden vuoksi?

LUOPUMISEN RUKOUS

Isä , kadun jokaista tapaa, jolla olen viihdyttänyt tai ollut tekemisissä väärän valon kanssa. Sanoudun irti kaikista New Agen muodoista, noituudesta ja petollisesta hengellisyydestä. Katkaisen kaikki sielulliset siteet enkelihuijareihin, henkioppaisiin ja vääriin ilmestyksiin. Otan vastaan Jeesuksen, maailman todellisen Valon. Julistan, etten seuraa mitään muuta ääntä kuin Sinun, Jeesuksen nimessä. Aamen.

PÄIVÄ 9: VERIALTTAR – LIITOT, JOTKA VAATIVAT ELÄMÄN

"**H**e rakensivat Baalille uhrikukkuloita... pannakseen poikansa ja tyttärensä kulkemaan tulen läpi Molokille." – Jeremia 32:35
"Ja he voittivat hänet Karitsan veren ja todistuksensa sanan voimalla..." – Ilmestyskirja 12:11

On alttareita, jotka eivät vain pyydä huomiotasi – ne vaativat vertasi.

Muinaisista ajoista nykypäivään veriliitot ovat olleet pimeyden valtakunnan ydinkäytäntö. Jotkut niistä solmitaan tietoisesti noituuden, abortin, rituaalimurhien tai okkulttisten initiaatioiden kautta. Toiset periytyvät esi-isien käytäntöjen kautta tai niihin liittyy tietämättään hengellisen tietämättömyyden kautta.

Missä tahansa viatonta verta vuodatetaan – olipa kyseessä pyhäkkö, makuuhuone tai kokoushuone – demoninen alttari puhuu.

Nämä alttarit vaativat ihmishenkiä, lyhentävät kohtaloita ja luovat laillisen perustan demoniselle vaivalle.

Globaalit veren alttarit

- **Afrikka** – Rituaalimurhat, raharituaalit, lasten uhraukset, verisopimukset syntymän yhteydessä.
- **Aasia** – Temppelin veriuhrit, perheen kiroukset abortin tai sotavalan kautta.
- **Latinalainen Amerikka** – Santeria-eläinuhrit, veriuhrit kuolleiden hengille.
- **Pohjois-Amerikka** – Abortti sakramenttina -ideologia, demoniset vervalaveljeskunnat.
- **Eurooppa** – Muinaiset druidi- ja vapaamuuraririttuaalit, toisen maailmansodan aikaiset verilöylyalttarit, joista ei ole vieläkään tehty

katumusta.

Nämä liitot, ellei niitä rikota, vaativat jatkuvasti ihmishenkiä, usein sykleissä.

Tositarina: Isän uhraus

Teoksessa *Vapaudutaan pimeyden vallasta* keskiafrikkalainen nainen huomasi vapautussessiossa, että hänen tiheät kohtaamisensa kuoleman kanssa liittyivät isänsä vannomaan verivalaan. Isä oli luvannut naiselle hengen vastineeksi vauraudesta vuosien hedelmättömyyden jälkeen.

Isänsä kuoltua hän alkoi nähdä varjoja ja kokea lähes kuolemaan johtaneita onnettomuuksia joka vuosi syntymäpäivänään. Hänen läpimurtonsa tapahtui, kun hän tunsi johdatusta julistaa itselleen päivittäin psalmin 118:17 – *"En minä kuole, vaan elän..."* – ja sen jälkeen rukoili luopumuksen tyyssijaa ja paastosi. Nykyään hän johtaa voimakasta esirukoustyötä.

Toinen kertomus teoksesta *Greater Exploits 14* kuvaa latinalaisamerikkalaista miestä, joka osallistui jengiin kuuluvaan verenvuodatukseen. Vuosia myöhemmin, jopa Kristuksen vastaanottamisen jälkeen, hänen elämänsä oli jatkuvassa myllerryksessä – kunnes hän rikkoi veriliiton pitkän paaston, julkisen ripin ja vesikasteen avulla. Piina lakkasi.

Toimintasuunnitelma – Verialttarien hiljentäminen

1. **Kadu** aborttia, piileviä verisopimuksia tai perinnöllistä verenvuodatusta.
2. **Irtisanoudu** ääneen nimeltä mainiten kaikki tunnetut ja tuntemattomat veriliitot.
3. **Paastota kolme päivää** nauttien ehtoollista päivittäin ja julistaen Jeesuksen veren lailliseksi suojaksesi.
4. **Julista ääneen :**

"Jeesuksen veren kautta minä rikon jokaisen veriliiton, joka on tehty puolestani. Olen lunastettu!"

RYHMÄHAKEMUS

- Keskustele luonnollisten verisiteiden ja demonisten veriliittojen välisestä erosta.
- Käytä punaista nauhaa/lankaa esittämään verialttareita ja saksia leikkaamaan ne profeetallisesti.
- Pyydä todistus joltakulta, joka on irtautunut verenkiertoelimistä.

Ministeriön työkalut :

- Ehtoollisen elementit
- Voiteluöljy
- Luovutusilmoitukset
- Kynttilänvalossa tapahtuva alttarin rikkominen, jos mahdollista

Keskeinen näkemys

Saatana käy kauppaa verellä. Jeesus maksoi sinun vapaudestasi liikaa omallaan.

Pohdintapäiväkirja

- Olemmeko minä tai perheeni osallistuneet mihinkään, johon liittyi verenvuodatusta tai valaan vannomista?
- Onko suvussani toistuvia kuolemia, keskenmenoja tai väkivaltaisia kuvioita?
- Olenko täysin luottanut Jeesuksen veren puhuvan kovempaa elämässäni?

Vapautuksen rukous

Herra Jeesus , kiitän Sinua kallisarvoisesta verestäsi, joka puhuu parempia asioita kuin Aabelin veri. Kadun kaikkia veriliittoja, jotka minä tai esi-isäni olemme tehneet, tietoisesti tai tietämättämme. Sanoudun niistä nyt irti. Julistan, että Karitsan veri peittää minut. Vaiennettakoon ja murskatkoon jokainen demoninen alttari, joka vaatii elämääni. Elän, koska Sinä kuolit minun puolestani. Jeesuksen nimessä, aamen.

PÄIVÄ 10: KARITTOMUUS JA MURTUMINEN – KUN KOHDUSTA MUUTTUU TAISTELUKENTTÄ

"*Ei yksikään lapsi mene keskenmenoon eikä ole hedelmätön sinun maassasi; minä täytän sinun päiviesi luvun.*" – 2. Moos. 23:26

"*Hän antaa lapsettomalle naiselle perheen, tekee hänestä onnellisen äidin. Kiitetty olkoon Herra!*" – Psalmi 113:9

Lapsettomuus on enemmän kuin lääketieteellinen ongelma. Se voi olla hengellinen linnake, jonka juuret ovat syvässä tunnetasolla, esi-isillä ja jopa reviirikysymyksissä.

Vihollinen käyttää hedelmättömyyttä kaikkialla kansakunnissa häpeämään, eristämään ja tuhoamaan naisia ja perheitä. Vaikka jotkut syyt ovat fysiologisia, monet ovat syvästi hengellisiä – sidoksissa sukupolvien alttareihin, kirouksiin, henkipuolisoihin, epäonnistuneisiin kohtaloihin tai sielun haavoihin.

Jokaisen hedelmättömän kohdun takana on taivaallinen lupaus. Mutta usein ennen hedelmöittymistä on käytävä sota – sekä kohdussa että hengessä.

Karuuden globaalit mallit

- **Afrikka** – Yhdistyy moniavioisuuteen, esi-isien kirouksiin, pyhäkkösopimuksiin ja henkilapsiin.
- **Aasia** – Karmauskomukset, edellisen elämän valat, sukupolvien kiroukset, häpeäkulttuuri.
- **Latinalainen Amerikka** – Noituuden aiheuttama kohdun sulkeminen, kateusloitsut.
- **Eurooppa** – liiallinen riippuvuus koeputkihedelmöityksestä, vapaamuurarien lasten uhraukset, aborttisyyllisyys.
- **Pohjois-Amerikka** – Tunneperäiset traumat, sielun haavat,

keskenmenojaksot, hormonitoimintaa muuttavat lääkkeet.

TOSITARINOITA – KYYNELISTÄ todistuksiin
Maria Boliviasta (Latinalainen Amerikka)
Maria oli kärsinyt viisi keskenmenoa. Joka kerta hän näki unta pitelevänsä itkevää vauvaa ja näki seuraavana aamuna verta. Lääkärit eivät osanneet selittää hänen tilaansa. Luettuaan todistuksen teoksesta *Greater Exploits* hän tajusi perineensä hedelmättömyyden alttarin isoäidiltään, joka oli pyhittänyt kaikki naisten kohdut paikalliselle jumaluudelle.

Hän paastosi ja julisti psalmia 113 14 päivän ajan. Hänen pastorinsa johdatti häntä liiton rikkomiseen ehtoollisen avulla. Yhdeksän kuukautta myöhemmin hän synnytti kaksoset.

Ngozi Nigeriasta (Afrikka)
Ngozi oli ollut naimisissa 10 vuotta ilman lasta. Vapautusrukousten aikana paljastui, että hän oli ollut henkimaailmassa naimisissa merijalkaväen aviomiehen kanssa. Jokaisen ovulaatiokierron aikana hän näki seksuaalisia unia. Keskiyön sodankäyntirukousten ja aiemman okkulttisen vihkimyksen jälkeen hänen kohtunsa avautui.

Toimintasuunnitelma – Kohdun avaaminen

1. **Tunnista juuret** – esi-isiin liittyvät, emotionaaliset, aviolliset tai lääketieteelliset.
2. **Kadu menneitä abortteja**, sielunsiteitä, seksuaalisyntejä ja okkulttisia omistautumisia.
3. **Voitele kohtusi päivittäin** samalla kun julistat 2. Mooseksen kirjan jaetta 23:26 ja psalmia 113.
4. **Paastota kolme päivää** ja nauti ehtoollista päivittäin, hylkäämällä kaikki kohtuusi sidotut alttarit.
5. **Puhu ääneen**:

Kohtuni on siunattu. Hylkään kaikki hedelmättömyyden liitot. Minä tulen raskaaksi ja kannan täysiaikaiseksi Pyhän Hengen voimalla!

Ryhmähakemus

- Kutsu naisia (ja pariskuntia) jakamaan viivästysten taakkoja turvallisessa, rukouksellisessa tilassa.
- Käytä punaisia huiveja tai liinoja, jotka on sidottu vyötärön ympärille – ja avaa ne sitten profeetallisesti vapauden merkkinä.
- Johda profeetallinen "nimeämisseremonia" – julista uskon kautta lapsia, jotka eivät vielä ole syntyneet.
- Murtakaa sanalliset kiroukset, kulttuurinen häpeä ja itseviha rukouspiireissä.

Palvelutyön työkalut:

- Oliiviöljy (voidella kohduille)
- Ehtoollinen
- Viitat/huivit (symboloivat peittämistä ja uutuutta)

Keskeinen näkemys

Karuus ei ole loppu – se on kutsu sotaan, uskoon ja ennalleenasettamiseen. Jumalan viivytys ei ole kieltämistä.

Pohdintapäiväkirja

- Mitä emotionaalisia tai hengellisiä haavoja kohtuuni liittyy?
- Olenko antanut häpeän tai katkeruuden korvata toivoni?
- Olenko halukas kohtaamaan perimmäiset syyt uskon ja toiminnan avulla?

Parantumisen ja hedelmöittymisen rukous

Isä , minä seison sinun Sanasi varassa, joka sanoo, ettei kukaan saa olla hedelmätön maassa. Hylkään jokaisen valheen, alttarin ja hengen, joka on tarkoitettu estämään hedelmällisyyteni kehittymisen. Annan anteeksi itselleni ja muille, jotka ovat puhuneet pahaa ruumiistani. Saan parantumisen, ennalleenasettelun ja elämän. Julistan kohtuni hedelmälliseksi ja iloni täyteen. Jeesuksen nimessä. Aamen.

PÄIVÄ 11: AUTOIMMUUNIHÄIRIÖT JA KROONINEN VÄSYMYS – NÄKYMÄTÖN SISÄINEN SOTA

"Itseään riitaantunut suku ei pysy pystyssä." – Matteus 12:25
"Hän antaa heikoille voiman ja voimattomille väkevyyden." – Jesaja 40:29

Autoimmuunisairauksissa elimistö hyökkää itseään vastaan – luullen omia solujaan vihollisiksi. Lupus, nivelreuma, multippeliskleroosi, Hashimoton tauti ja muut kuuluvat tähän ryhmään.

Krooninen väsymysoireyhtymä (CFS), fibromyalgia ja muut selittämättömät uupumushäiriöt esiintyvät usein yhdessä autoimmuunisairauksien kanssa. Mutta biologisten ongelmien lisäksi monet kärsijät kantavat mukanaan emotionaalisia traumoja, sielun haavoja ja hengellisiä taakkoja.

Keho huutaa – ei vain lääkitystä, vaan rauhaa. Monet käyvät sisäistä sotaa.

Globaali katsaus

- **Afrikka** – Traumaan, saasteisiin ja stressiin liittyvien autoimmuunisairauksien diagnoosien lisääntyminen.
- **Aasia** – Korkeat kilpirauhashäiriöiden määrät liittyvät esi-isien tukahduttamiseen ja häpeäkulttuuriin.
- **Eurooppa ja Amerikka** – Krooninen väsymys ja työuupumusepidemia suorituskykyyn keskittyvästä kulttuurista.
- **Latinalainen Amerikka** – Kärsijöitä diagnosoidaan usein väärin; leimautumista ja hengellisiä hyökkäyksiä sielun pirstaloitumisen tai kirousten kautta.

Kätketyt hengelliset juuret

- **Itseinho tai häpeä** – tunne siitä, ettei ole "riittävän hyvä".
- **Anteeksiantamattomuus itseä tai muita kohtaan** – immuunijärjestelmä matkii hengellistä tilaa.
- **Käsittelemätön suru tai petos** avaa oven sielun väsymykselle ja fyysiselle romahdukselle.
- **Noituuden vaiva tai mustasukkaisuuden nuolet** – käytetään hengellisen ja fyysisen voiman imemiseen.

Tositarinoita – Pimeydessä käydyt taistelut
Espanjalainen Elena

Elenalla diagnosoitiin lupus pitkän, henkisesti vahingoittuneen ja väkivaltaisen suhteen jälkeen. Terapiassa ja rukouksessa paljastui, että hän oli sisäistänyt vihan ja uskonut olevansa arvoton. Kun hän alkoi antaa itselleen anteeksi ja kohdata sielun haavoja Raamatun avulla, hänen kohtauksensa vähenivät rajusti. Hän todistaa Sanan parantavasta voimasta ja sielun puhdistumisesta.

James Yhdysvalloista

James, määrätietoinen yritysjohtaja, romahti CFS:stä 20 vuoden taukoamattoman stressin jälkeen. Vapautumisen aikana paljastui, että sukupolvien mittainen levottoman kamppailun kirous vaivasi hänen perheensä miehiä. Hän aloitti sapatin, rukouksen ja synnintunnustuksen ajan ja koki paitsi terveyden myös identiteetin palautumisen.

Toimintasuunnitelma – Sielun ja immuunijärjestelmän parantaminen

1. **Rukoile ääneen psalmia 103:1–5** joka aamu – erityisesti jakeita 3-5.
2. **Listaa sisäiset uskomuksesi** – mitä sanot itsellesi? Murra valheet.
3. **Anna syvästi anteeksi** – erityisesti itsellesi.
4. **Ota ehtoollinen** ruumiin liiton uudelleenjärjestämiseksi – katso Jesaja 53.
5. **Lepää Jumalassa** – Sapatti ei ole valinnainen, se on hengellistä sodankäyntiä loppuunpalamista vastaan.

Julistan, että kehoni ei ole viholliseni. Jokainen soluni on sopusoinnussa jumalallisen järjestyksen ja rauhan kanssa. Saan Jumalan voiman ja parannuksen.

Ryhmähakemus

- Pyydä jäseniä jakamaan väsymysmalleja tai emotionaalista uupumusta, joita he peittelevät.
- Tee "sielun tyhjennys" -harjoitus – kirjoita taakat muistiin ja polta tai hautaa ne symbolisesti.
- Laita kädet autoimmuunisairauksista kärsivien päälle; kannusta tasapainoa ja rauhaa.
- Kannusta seitsemän päivän päiväkirjaan kirjoittamaan tunteiden laukaisevia asioita ja parantavia raamatunkohtia.

Palvelutyön työkalut:

- Eteerisiä öljyjä tai tuoksuvaa voitelua virkistäväksi
- Päiväkirjat tai muistikirjat
- Psalmin 23 meditaatioääniraita

Keskeinen näkemys

Se, mikä hyökkää sielua vastaan, ilmenee usein kehossa. Paranemisen täytyy virrata sisältä ulospäin.

Pohdintapäiväkirja

- Tunnenko oloni turvalliseksi omassa kehossani ja ajatuksissani?
- Haudanko häpeää tai syyllisyyttä menneistä epäonnistumisista tai traumoista?
- Mitä voin tehdä alkaakseni kunnioittaa lepoa ja rauhaa hengellisinä harjoituksina?

Palauttamisen rukous

Herra Jeesus , Sinä olet minun parantajani. Tänään hylkään jokaisen valheen, että olen rikki, likainen tai tuhoon tuomittu. Annan anteeksi itselleni ja muille. Siunaan jokaisen solun ruumiissani. Saan rauhan sieluuni ja tasapainon immuunijärjestelmääni. Sinun haavojen kautta olen parantunut. Aamen.

PÄIVÄ 12: EPILEPSIA JA MIELEN KIDUT – KUN MIELESTÄ MUUTUU TAISTELUKENTTÄ

"*Herra, armahda poikaani, sillä hän on kuunvaivainen ja kovin tuskissaan. Usein hän kaatuu, usein tuleen ja usein veteen.*" – Matteus 17:15

"*Jumala ei ole antanut meille pelkuruuden henkeä, vaan voiman, rakkauden ja raittiuden hengen.*" – 2. Timoteus 1:7

Jotkut vaivat eivät ole vain lääketieteellisiä – ne ovat hengellisiä taistelukenttiä, jotka on naamioitu sairaudeksi.

Epilepsia, kohtaukset, skitsofrenia, kaksisuuntaiset mielialahäiriöt ja mielen piinakuviot juontavat usein näkymättömät juurensa. Vaikka lääkkeillä on paikkansa, harkintakyky on ratkaisevan tärkeää. Monissa Raamatun kertomuksissa kohtaukset ja mielenterveysongelmat olivat seurausta demonisesta sorrosta.

Nyky-yhteiskunta lääkitsee sitä, minkä Jeesus usein *hylkäsi*.

Globaali todellisuus

- **Afrikka** – Kouristuskohtaukset, jotka usein liitetään kirouksiin tai esi-isien henkiin.
- **Aasia** – Epileptikot usein piilossa häpeän ja hengellisen stigman vuoksi.
- **Latinalainen Amerikka** – Skitsofrenia, joka liittyy sukupolvien noituuteen tai keskeytettyihin kutsumuksiin.
- **Eurooppa ja Pohjois-Amerikka** – Ylidiagnosointi ja ylilääkitys peittävät usein demonisia perimmäisiä syitä.

Tositarinoita – Vapautus tulessa
Musa Pohjois-Nigeriasta
Musalla oli ollut epileptisiä kohtauksia lapsuudesta asti. Hänen perheensä kokeili kaikkea – paikallisista lääkäreistä kirkon rukouksiin. Eräänä päivänä vapautustilaisuuden aikana Henki paljasti, että Musan isoisä oli tarjonnut hänelle noituudenvaihdon. Rikkottuaan liiton ja voideltuaan hänet, hän ei koskaan saanut enää epileptisiä kohtauksia.

Daniel Perusta
Kaksisuuntainen mielialahäiriö diagnosoitiin Danielilla, joka kamppaili väkivaltaisten unien ja äänien kanssa. Myöhemmin hän sai tietää, että hänen isänsä oli ollut mukana salaisissa saatanallisissa rituaaleissa vuorilla. Vapautusrukoukset ja kolmen päivän paasto toivat selkeyttä. Äänet lakkasivat. Nykyään Daniel on rauhallinen, toipunut ja valmistautuu palvelutyöhön.

Merkkejä, joita kannattaa seurata

- Toistuvat kouristuskohtaukset ilman tunnettua neurologista syytä.
- Äänet, hallusinaatiot, väkivaltaiset tai itsemurha-ajatukset.
- Ajan tai muistin menetys, selittämätön pelko tai fyysiset kouristukset rukouksen aikana.
- Hulluuden tai itsemurhan perhemallit.

Toimintasuunnitelma – Mielen valtaaminen

1. Kadu kaikkia tunnettuja okkulttisia siteitä, traumoja tai kirouksia.
2. Pankaa joka päivä kätenne päänne päälle ja julistakaa tervettä mieltä (2. Timoteus 1:7).
3. Paastota ja rukoile mieltä sitovien henkien puolesta.
4. Rikkoa esi-isien valat, vihkimykset tai verilinjan kiroukset.
5. Jos mahdollista, liity mukaan vahvaan rukouskumppaniin tai pelastustiimiin.

Torjun kaikki piinaa, takavarikkoa ja hämmennystä aiheuttavat henget. Saan terveen mielen ja vakaat tunteet Jeesuksen nimessä!
Ryhmätyö ja hakemus

- Tunnista mielenterveysongelmien tai kohtausten esiintyvyys perheessä.
- Rukoile kärsivien puolesta – käytä voiteluöljyä otsalle.
- Pyydä esirukoilijoita kävelemään huoneessa ympäri ja julistamaan: "Vaikene, olkaa hiljaa!" (Mark. 4:39)
- Kehota asianosaisia rikkomaan suullisia sopimuksia: "En ole hullu. Olen parantunut ja kokonainen."

Palvelutyön työkalut:

- Voiteluöljy
- Parantumisjulistuskortit
- Ylistysmusiikkia, joka palvelee rauhaa ja identiteettiä

Keskeinen näkemys
Kaikki vaivat eivät ole vain fyysisiä. Jotkut juontavat juurensa muinaisista liittoista ja demonisista laillisista perusteista, joihin on puututtava hengellisesti.

Pohdintapäiväkirja

- Olenko koskaan kärsinyt ajatuksistani tai unestani?
- Onko olemassa parantumattomia traumoja tai hengellisiä ovia, jotka minun täytyy sulkea?
- Mitä totuutta voin julistaa päivittäin ankkuroidakseni mieleni Jumalan sanaan?

Terveyden rukous
Herra Jeesus, Sinä olet mieleni Entisöijä. Sanoudun irti jokaisesta liitosta, traumasta tai demonisesta hengestä, joka hyökkää aivojani, tunteitani ja selkeyttäni vastaan. Saan parantumisen ja terveen mielen. Päätän, että elän enkä kuole. Toimin täydessä voimassani, Jeesuksen nimessä. Aamen.

PÄIVÄ 13: PELON HENKI — NÄKYMÄTTÖMÄN KIDUN HÄKIN MURKKAAMINEN

> *"Sillä Jumala ei ole antanut meille pelkuruuden henkeä, vaan voiman, rakkauden ja raittiuden hengen."* – 2. Timoteus 1:7
> *"Pelko on piinaava tekijä..."* – 1. Joh. 4:18

Pelko ei ole vain tunne – se voi olla *henki*.

Se kuiskaa epäonnistumisen ennen kuin aloitat. Se voimistaa hylkäämistä. Se rampauttaa tarkoituksen. Se lamauttaa kansakunnat.

Monet ovat näkymättömissä vankiloissa, jotka ovat pelon rakentamia: kuolemanpelko, epäonnistuminen, köyhyys, ihmiset, sairaus, hengellinen sodankäynti ja tuntematon.

Monien ahdistuskohtausten, paniikkihäiriöiden ja irrationaalisten fobioiden taustalla on hengellinen tehtävä, joka on lähetetty **kohtaloiden neutraloimiseksi**.

Globaalit ilmentymät

- **Afrikka** – Pelko, joka juontaa juurensa sukupolvien kirouksista, esi-isien kostotoimista tai noituuden vastareaktiosta.
- **Aasia** – Kulttuuriset häpeät, karmalliset pelot, jälleensyntymisahdistukset.
- **Latinalainen Amerikka** – Pelko kirouksista, kylälegendoista ja hengellisestä kostosta.
- **Eurooppa ja Pohjois-Amerikka** – Piilevä ahdistus, diagnosoidut häiriöt, pelko konfrontaatiosta, menestyksestä tai torjunnasta – usein hengellinen, mutta psykologiseksi luokiteltu.

Todellisia tarinoita – Hengen paljastaminen

Sarah, Kanada
Vuosien ajan Sarah ei pystynyt nukkumaan pimeydessä. Hän tunsi aina läsnäolon huoneessa. Lääkärit diagnosoivat sen ahdistukseksi, mutta mikään hoito ei auttanut. Verkkopohjaisen vapautussessioiden aikana paljastui, että lapsuuden pelko avasi oven piinaavalle hengelle painajaisen ja kauhuelokuvan kautta. Hän katui, luopui pelosta ja käski sen mennä. Nyt hän nukkuu rauhassa.

Uche Nigeriasta
Uche kutsuttiin saarnaamaan, mutta joka kerta ihmisten edessä seistessään hän jähmettyi. Pelko oli luonnotonta – tukehduttavaa, lamauttavaa. Rukouksessa Jumala näytti hänelle kirouksen sanan, jonka oli lausunut opettaja, joka pilkkasi hänen ääntään lapsena. Tuo sana muodosti hengellisen ketjun. Kun se katkesi, hän alkoi saarnata rohkeasti.

Toimintasuunnitelma – Pelon voittaminen

1. **Tunnusta nimeltä mikä tahansa pelko** : "Sanoudun irti [_____] pelosta Jeesuksen nimessä."
2. **Lue ääneen Psalmi 27 ja Jesaja 41 päivittäin.**
3. **Palvo, kunnes rauha korvaa paniikin.**
4. **Paastota pelkoon perustuvasta mediasta – kauhuelokuvista, uutisista, juoruista.**
5. **Julista päivittäin** : "Minulla on terve mieli. En ole pelon orja."

Ryhmähakemus – Yhteisön läpimurto

- Kysy ryhmän jäseniltä: Mikä pelko on lamauttanut sinua eniten?
- Jakautukaa pienryhmiin ja johtakaa **luopumisen** ja **korvaamisen rukouksia** (esim. pelko → rohkeus, ahdistus → itseluottamus).
- Pyydä jokaista kirjoittamaan muistiin yksi pelko ja polttamaan se profeetallisena tekona.
- Käytä *voiteluöljyä* ja *pyhien kirjoitusten rippiä* toistensa sijaan.

Palvelutyön työkalut:

- Voiteluöljy
- Raamatun julistuskortit

- Ylistyslaulu: Bethelin esittämä "No Longer Slaves"

Keskeinen näkemys
Sielty pelko on **uskon saastuttamaa**.
Et voi olla rohkea ja pelokas samaan aikaan – valitse rohkeus.

Pohdintapäiväkirja

- Mikä pelko on pysynyt minussa lapsuudesta asti?
- Miten pelko on vaikuttanut päätöksiini, terveyteni tai ihmissuhteisiini?
- Mitä tekisin toisin, jos olisin täysin vapaa?

Pelosta vapautumisen rukous
Isä, minä sanoudun irti pelon hengestä. Suljen jokaisen oven traumojen, sanojen tai synnin kautta, jotka antoivat pelolle pääsyn sisään. Otan vastaan voiman, rakkauden ja terveen mielen Hengen. Julistan rohkeutta, rauhaa ja voittoa Jeesuksen nimessä. Pelolla ei ole enää sijaa elämässäni. Aamen.

PÄIVÄ 14: SAATANALLISET MERKINNÄT — EPÄPYHÄN TUOTANTOMERKIN PYYHKIMISET

> "*Älköön kukaan minua tästedes vaivatko, sillä minä kannan ruumiissani Herran Jeesuksen arpia.*" – Gal. 6:17
> "*He panevat minun nimeni israelilaisten ylle, ja minä siunaan heitä.*" – 4. Moos. 6:27

Monet kohtalot ovat hiljaa *merkittyjä* hengellisessä maailmassa – eivät Jumalan, vaan vihollisen toimesta.

Nämä saatanalliset merkit voivat ilmetä oudoina ruumiinmerkkeinä, unina tatuoinneista tai polttomerkeistä, traumaattisena hyväksikäyttönä, veririttuaaleina tai perittyinä alttareina. Jotkut ovat näkymättömiä – havaittavissa vain hengellisen herkkyyden kautta – kun taas toiset ilmenevät fyysisinä merkkeinä, demonisina tatuointeina, hengellisinä polttomerkkeinä tai pysyvinä heikkouksina.

Kun vihollinen merkitsee ihmisen, hän voi kokea:

- Jatkuvaa hylkäämistä ja vihaa ilman syytä.
- Toistuvat hengelliset hyökkäykset ja tukokset.
- Ennenaikainen kuolema tai terveyskriisit tietyssä iässä.
- Hengessä seurattuna – aina pimeydelle näkyvissä.

Nämä merkit toimivat *laillisina tunnisteina*, jotka antavat pimeyden hengille luvan piinata, viivyttää tai valvoa.

Mutta Jeesuksen veri **puhdistaa** ja **uudistaa**.

Globaalit lausekkeet

- **Afrikka** – Heimojen merkinnät, rituaalihaavat, okkulttiset

initiaatioarvet.
- **Aasia** – Hengelliset sinetit, esi-isien symbolit, karmat.
- **Latinalainen Amerikka** – Brujerian (noituuden) initiaatiomerkit, rituaaleissa käytetyt syntymämerkit.
- **Eurooppa** – Vapaamuurarien tunnukset, henkioppaiden kutsumiseen tarkoitetut tatuoinnit.
- **Pohjois-Amerikka** – New age -symbolit, rituaaleihin liittyvät tatuoinnit, demoninen polttomerkki okkulttisten liittojen kautta.

Tositarinoita – Uudelleenbrändäyksen voima
David Ugandasta

Daavid kohtasi jatkuvasti torjuntaa. Kukaan ei osannut selittää miksi, lahjakkuudestaan huolimatta. Rukouksessa eräs profeetta näki otsassaan "hengellisen X:n" – merkin kylän papin lapsuudenrituaalista. Vapautuksen aikana merkki pyyhittiin hengellisesti pois voiteluöljyn ja Jeesuksen veren julistusten avulla . Hänen elämänsä muuttui muutamassa viikossa – hän meni naimisiin, sai työpaikan ja hänestä tuli nuorisojohtaja.

Sandra, Brasilia

Sandralla oli lohikäärmetatuointi teini-ikäisen kapinansa ajalta. Annettuaan elämänsä Kristukselle hän huomasi voimakkaita hengellisiä hyökkäyksiä aina paastottuaan tai rukoillessaan. Hänen pastorinsa totesi tatuoinnin olevan demoninen symboli, joka liittyi henkien tarkkailuun. Katumuksen, rukouksen ja sisäisen parantamisen session jälkeen hän poisti tatuoinnin ja katkaisi sielunsiteen. Hänen painajaisensa loppuivat välittömästi.

Toimintasuunnitelma – Poista merkki

1. **Pyydä Pyhää Henkeä** paljastamaan kaikki hengelliset tai fyysiset merkit elämässäsi.
2. **Kadu** kaikkea henkilökohtaista tai perittyä osallistumista rituaaleihin, jotka mahdollistivat sen.
3. **Sivele Jeesuksen verta** koko kehollesi – otsallesi, käsillesi ja jaloillesi.
4. merkkien valvontaan liittyvät **henkiolennot, sielunsiteet ja lailliset oikeudet (katso alla olevia raamatunkohtia).**
5. **Poista fyysiset tatuoinnit tai esineet** (johdetulla tavalla), jotka liittyvät pimeisiin liittoihin.

Ryhmähakemus – Uudelleenbrändäys Kristuksessa

- Kysy ryhmän jäseniltä: Onko teillä koskaan ollut merkkiä tai unelmaa siitä, että teidät leimattaisiin?
- Johda **puhdistus- ja uudelleen** Kristukselle omistautumisrukous.
- Voitele otsat öljyllä ja julista: *"Teillä on nyt Herran Jeesuksen Kristuksen merkki."*
- Katkaise valvovat henget ja uudelleenviritä heidän identiteettinsä Kristuksessa.

Palvelutyön työkalut:

- Oliiviöljy (siunattu voitelua varten)
- Peili tai valkoinen kangas (symbolinen pesuteko)
- Ehtoollinen (sinetöi uusi identiteetti

Keskeinen näkemys
Se, mikä hengessä on merkitty, **näkyy hengessä** – poista se, millä vihollinen merkitsi sinua.

Pohdintapäiväkirja

- Olenko koskaan nähnyt kehossani outoja jälkiä, mustelmia tai symboleja ilman selitystä?
- Onko olemassa esineitä, lävistyksiä tai tatuointeja, joista minun täytyy luopua tai poistaa?
- Olenko täysin uudelleenpyhittänyt ruumiini Pyhän Hengen temppeliksi?

Uudelleenbrändäyksen rukous
Herra Jeesus , sanoudun irti jokaisesta merkistä, liitosta ja omistautumisesta, joka on tehty ruumiissani tai hengessäni Sinun tahtosi ulkopuolella. Sinun verelläsi pyyhin pois jokaisen saatanallisen merkin. Julistan, että olen merkitty yksin Kristukselle. Olkoon omistajuutesi sinetti minussa, ja anna jokaisen valvovan hengen kadottaa jälkeni nyt. En ole enää pimeydelle näkyvissä. Vaellan vapaana - Jeesuksen nimessä, aamen.

PÄIVÄ 15: PEILIMAAILMA — PAKO HEIJASTUSTEN VANKILASTA

” *Nyt me näemme kuin peilistä, synkästi, mutta silloin kasvoista kasvoihin...”* – 1. Korinttilaisille 13:12
"Heillä on silmät, mutta eivät näe, korvat, mutta eivät kuule..." – Psalmi 115:5–6

Henkimaailmassa on **peilimaailma** – *väärennettyjen identiteettien*, hengellisen manipuloinnin ja synkkien heijastusten paikka. Se, mitä monet näkevät unissa tai näyissä, ei välttämättä ole Jumalan peilejä, vaan pimeyden valtakunnan petoksen välineitä.

Okkultismissa peilejä käytetään **sielujen vangitsemiseen**, **elämien tarkkailuun** tai **persoonallisuuksien siirtämiseen**. Joissakin vapautussessioissa ihmiset kertovat näkevänsä itsensä "elävän" jossain toisessa paikassa – peilin sisällä, näytöllä tai hengellisen verhon takana. Nämä eivät ole hallusinaatioita. Ne ovat usein saatanallisia vankiloita, joiden tarkoituksena on:

- Sielun sirpaleiksi
- Viivästytä kohtaloa
- Sekoita identiteetti
- Isännöi vaihtoehtoisia henkisiä aikajanoja

Tavoitteena? Luoda *väärä versio* sinusta, joka elää demonien hallinnassa, samalla kun todellinen minäsi elää hämmennyksen tai tappion vallassa.

Globaalit lausekkeet

- **Afrikka** – Peilinoituutta, jota velhot käyttävät tarkkailuun, ansaan saamiseen tai hyökkäykseen.
- **Aasia** – Shamaanit käyttävät vesikulhoja tai kiillotettuja kiviä

"nähdäkseen" ja kutsuakseen henkiä.
- **Eurooppa** – Mustan peilin rituaaleja, nekromantiaa heijastusten kautta.
- **Latinalainen Amerikka** – Obsidiaanipeilien läpi kaivaminen atsteekkien perinteissä.
- **Pohjois-Amerikka** – Uuden ajan peiliportaalit, peiliin katsominen astraalimatkailua varten.

Todistus — "Peilityttö"
Maria Filippiineiltä
Maria näki unta, jossa hän oli loukussa huoneessa, joka oli täynnä peilejä. Joka kerta, kun hän edistyi elämässään, hän näki peilissä version itsestään, joka veti häntä taaksepäin. Eräänä iltana vapautumisen aikana hän huusi ja kuvaili nähneensä "kävelevän ulos peilistä" vapauteen. Hänen pastorinsa voiteli hänen silmänsä ja johdatti häntä luopumaan peilimanipulaatiosta. Siitä lähtien hänen mielen selkeytensä, liiketoimintansa ja perhe-elämänsä ovat muuttuneet.

Skotlannista kotoisin oleva David
David, joka oli aikoinaan syvällä uuden ajan meditaatiossa, harjoitti "peilivarjotyötä". Ajan myötä hän alkoi kuulla ääniä ja nähdä itsensä tekevän asioita, joita hän ei koskaan aikonut. Hyväksyttyään Kristuksen eräs vapautuspappi katkaisi peilisielun siteet ja rukoili Davidin mielen puolesta. David kertoi tunteneensa itsensä "sumun hälvenneeksi" ensimmäistä kertaa vuosiin.

Toimintasuunnitelma – Katkaise peililoitsun

1. **Luovu** kaikesta tunnetusta tai tuntemattomasta yhteydestä henkisesti käytettyihin peileihin.
2. **Peitä kaikki kotisi peilit** kankaalla rukouksen tai paaston aikana (jos sitä johdetaan).
3. **Voitele silmäsi ja otsasi** – julista, että näet nyt vain sen, minkä Jumala näkee.
4. **Käytä Raamattua** julistaaksesi identiteettisi Kristuksessa, älä väärien pohdintojen kautta:
    - *Jesaja 43:1*
    - *2. Korinttilaisille 5:17*

- *Johanneksen evankeliumi 8:36*

RYHMÄHAKEMUS – IDENTITEETIN palauttaminen

- Kysymys: Oletko koskaan nähnyt unia, joissa on ollut peilejä, kaksoisolentoja tai sinua tarkkaillaan?
- Johda identiteetin toipumisen rukousta – julista vapautumista vääristä minäkuvista.
- Laita kädet silmille (symbolisesti tai rukouksessa) ja rukoile näön selkeyttä.
- Käyttäkää ryhmässä peiliä ja julistakaa profeetallisesti: *"Minä olen se, joka Jumala sanoo minun olevan. Ei mitään muuta."*

Palvelutyön työkalut:

- Valkoinen kangas (peittää symbolit)
- Oliiviöljy voiteluun
- Profeetallisen peilin julistusopas

Keskeinen näkemys

Vihollinen rakastaa vääristää tapaasi nähdä itsesi – koska identiteettisi on pääsy kohtaloosi.

Pohdintapäiväkirja

- Olenko uskonut valheita siitä, kuka olen?
- Olenko koskaan osallistunut peilirituaaleihin tai tietämättäni sallinut peilinoituutta?
- Mitä Jumala sanoo minusta? / Mitä Jumala sanoo minusta?

Vapauden rukous peilimaailmasta

Taivaallinen Isä , minä rikon jokaisen liiton peilimaailman kanssa – jokaisen pimeän heijastuksen, hengellisen kaksoisolen ja väärennetyn aikajanan. Sanoudun irti kaikista vääristä henkilöllisyyksistä. Julistan olevani se, joka Sinä sanot minun olevan. Jeesuksen veren kautta astun ulos heijastusten vankilasta ja saavutan tarkoitukseni täyteyden. Tästä päivästä lähtien näen Hengen silmin – totuudessa ja selkeydessä. Jeesuksen nimessä, aamen.

PÄIVÄ 16: SANAKIROUSTEN SIDEEN MURTAMINEN — NIMESI JA TULEVAISUUTESI TAKAISINVALMISTUS

"*Kuolema ja elämä ovat kielen vallassa...*" – Sananlaskut 18:21
"*Ei mikään ase, joka sinua vastaan taotaan, menesty, ja jokaisen kielen, joka nousee sinua vastaan oikeuteen, sinä tuomitset kadotukseen...*" – Jesaja 54:17

Sanat eivät ole vain ääniä – ne ovat **hengellisiä astioita**, jotka kantavat voimaa siunata tai sitoa. Monet ihmiset tietämättään kävelevät vanhempiensa, opettajiensa, hengellisten johtajiensa, entisten rakastajiensa tai jopa oman suunsa heille **lausumien kirousten painon alla.**

Jotkut ovat kuulleet nämä aiemminkin:

- "Sinusta ei koskaan tule mitään irti."
- "Olet aivan kuin isäsi – hyödytön."
- "Kaikki mihin kosket, epäonnistuu."
- "Jos minä en voi saada sinua, kukaan ei saa."
- "Olet kirottu... katso ja näe."

Tällaiset sanat, kun ne lausutaan vihassa, vihassa tai pelossa – varsinkin auktoriteettiaseman edustajan toimesta – voivat muuttua hengelliseksi ansaksi. Jopa itse lausutut kiroukset, kuten *"toivon, etten olisi koskaan syntynytkään"* tai *"en koskaan mene naimisiin"*, voivat antaa viholliselle laillisen perustan.

Globaalit lausekkeet

- **Afrikka** – Heimojen kiroukset, vanhempien kiroukset kapinan vuoksi, markkinapaikkojen kiroukset.

- **Aasia** – Karmaan perustuvat sanalliset julistukset, esi-isien lupaukset lasten johdosta.
- **Latinalainen Amerikka** – Brujerian (noituuden) kiroukset aktivoituvat puhutun sanan vaikutuksesta.
- **Eurooppa** – Puhuttuja kirouksia, itseään toteuttavia perheen "ennustuksia".
- **Pohjois-Amerikka** – Sanallinen solvaus, okkulttiset laulut, itsevihaan lietsovat affirmaatiot.

Kuiskattuina tai huutuneina, tunteella ja uskolla lausutuilla kirouksilla on painoarvoa hengessä.

Todistus – "Kun äitini puhui kuolemasta"
Keisha (Jamaika)

Keisha varttui kuullessaan äitinsä sanovan: *"Sinä olet syy siihen, että elämäni on pilalla."* Joka syntymäpäivä tapahtui jotain pahaa. 21-vuotiaana hän yritti itsemurhaa vakuuttuneena siitä, ettei hänen elämällään ollut arvoa. Eräässä vapautustilaisuudessa pappi kysyi: *"Kuka puhui kuoleman puolesta sinun elämäsi puolesta?"* Hän murtui. Hylättyään sanat ja päästyään irti anteeksiannosta hän koki vihdoin iloa. Nyt hän opettaa nuorille tytöille, kuinka puhua elämän puolesta itsensä puolesta.

Andrei (Romania)

Andrein opettaja sanoi kerran: *"Joudut vankilaan tai kuolet ennen 25-vuotissyntymäpäivääsi."* Tuo lause vainosi häntä. Hän lankesi rikollisuuteen ja hänet pidätettiin 24-vuotiaana. Vankilassa hän kohtasi Kristuksen ja ymmärsi kirouksen, johon hän oli suostunut. Hän kirjoitti opettajalle anteeksiantokirjeen, repi rikki kaikki hänestä puhutut valheet ja alkoi puhua Jumalan lupauksista. Nykyään hän johtaa vankilatyötä.

Toimintasuunnitelma – Käännä kirous

1. Kirjoita muistiin negatiivisia lausuntoja, joita olet sanonut päällesi – joko muiden tai itsesi.
2. Rukouksessa, **sanoutukaa irti jokaisesta kirouksen sanasta** (sanokaa se ääneen).
3. **Anna anteeksi** sille, joka sen lausui.
4. **Puhu Jumalan totuutta** itsesi yli korvataksesi kirouksen

siunauksella:
- *Jeremia 29:11*
- *5. Mooseksen kirja 28:13*
- *Roomalaiskirje 8:37*
- *Psalmi 139:14*

Ryhmähakemus – sanojen voima

- Kysy: Mitkä lausunnot ovat muokanneet identiteettiäsi – hyvässä tai pahassa?
- Ryhmissä katkaiskaa kiroukset ääneen (herkästi) ja lausukaa niiden tilalle siunauksia.
- Käytä pyhien kirjoitusten kohtien kortteja – jokainen henkilö lukee ääneen kolme totuutta omasta identiteetistään.
- Kannusta jäseniä aloittamaan seitsemän päivän *siunausmääräys* itsensä suhteen.

Palvelutyön työkalut:

- Muistikortit, joissa on pyhien kirjoitusten tunnistetiedot
- Oliiviöljy suiden voitelemiseen (puheen pyhitys)
- Peilijulistukset – puhu totta peilikuvasi yli päivittäin

Keskeinen näkemys

Jos kirous lausuttiin, se voidaan murtaa – ja sen tilalle voidaan lausua uusi elämän sana.

Pohdintapäiväkirja

- Kenen sanat ovat muokanneet identiteettiäni?
- Olenko kironnut itseäni pelon, vihan tai häpeän kautta?
- Mitä Jumala sanoo tulevaisuudestani?

Rukous sanakirousten murtamiseksi

Herra Jeesus, sanoudun irti jokaisesta elämäni ylle lausutusta kirouksesta – perheen, ystävien, opettajien, rakastavaisten ja jopa itseni taholta. Annan anteeksi jokaisen äänen, joka julistaa epäonnistumista, hylkäämistä tai kuolemaa. Murran noiden sanojen voiman nyt Jeesuksen nimessä. Lausun siunauksen, suosion ja kohtalon elämäni ylle. Olen se, jonka Sinä sanot minun olevan – rakastettu, valittu, parannettu ja vapaa. Jeesuksen nimessä. Aamen.

PÄIVÄ 17: VAPAUTUMINEN KONTROLLISTA JA MANIPULOINNISTA

"*Noituus ei ole aina kaapuja ja kattiloita – joskus se on sanoja, tunteita ja näkymättömiä hihnoja.*"

"Sillä kapinallisuus on kuin noituuden syntiä, ja itsepäisyys on kuin vääryys ja epäjumalanpalvelus."
– *1. Samuelin kirja 15:23*

Noituutta ei löydy vain pyhäköistä. Se usein hymyilee ja manipuloi syyllisyyden, uhkausten, imartelun tai pelon kautta. Raamattu rinnastaa kapinan – erityisesti kapinan, jossa jumalaton valta kohdistuu muihin – noituuteen. Aina kun käytämme emotionaalista, psykologista tai hengellistä painetta toisen tahdon hallitsemiseen, kuljemme vaarallisella alueella.

Globaalit ilmentymät

- **Afrikka** – Äidit kiroavat lapsiaan vihassa, rakastavaiset sitovat toisia jujulla eli rakkausjuomilla, hengelliset johtajat pelottelevat seuraajiaan.
- **Aasia** – Gurujen kontrolli opetuslapsiin, vanhempien kiristys järjestetyissä avioliitoissa, energianauhojen manipulointi.
- **Eurooppa** – Vapaamuurarien valat, jotka hallitsevat sukupolvien käyttäytymistä, uskonnollista syyllisyyttä ja ylivaltaa.
- **Latinalainen Amerikka** – Brujería (noituus) käytettiin kumppaneiden sitouttamiseen, emotionaalinen kiristys, joka juontui perheen kirouksista.
- **Pohjois-Amerikka** – Narsistinen vanhemmuus, manipuloiva johtajuus naamioituna "hengelliseksi verhoksi", pelkoon perustuva profetia.

Noituuden ääni kuiskaa usein: *"Jos et tee tätä, menetät minut, menetät Jumalan suosion tai kärsit."*
Mutta tosi rakkaus ei koskaan manipuloi. Jumalan ääni tuo aina rauhaa, selkeyttä ja valinnanvapautta.

Tositarina — Näkymättömän taluttimen katkaiseminen

Kanadalainen Grace oli syvästi mukana profeetallisessa palvelutyössä, jossa johtaja alkoi sanella, kenen kanssa hän sai seurustella, missä hän sai asua ja jopa miten rukoilla. Aluksi se tuntui hengelliseltä, mutta ajan myötä hänestä tuntui kuin hän olisi ollut miehensä mielipiteiden vanki. Aina kun hän yritti tehdä itsenäisen päätöksen, hänelle sanottiin, että hän "kapinoi Jumalaa vastaan". Romahduksen ja kirjan *Greater Exploits 14* luettuaan hän tajusi, että kyseessä oli karismaattinen noituus – kontrolli, joka naamioitiin profetiaksi.

Grace irtisanoutui sielunsiteestään hengelliseen johtajaansa, katui omaa suostumustaan manipulointiin ja liittyi paikalliseen yhteisöön parantumista varten. Nykyään hän on eheä ja auttaa muita tulemaan ulos uskonnollisesta väkivallasta.

Toimintasuunnitelma — Noituuden erottaminen ihmissuhteissa

1. Kysy itseltäsi: *Tunnenko oloni vapaaksi tämän henkilön seurassa vai pelkäänkö tuottaa hänelle pettymystä?*
2. Listaa suhteita, joissa syyllisyyttä, uhkailua tai imartelua käytetään kontrollin välineinä.
3. Luovu kaikista emotionaalisista, hengellisistä tai sielullisista siteistä, jotka saavat sinut tuntemaan itsesi alistetuksi tai äänettömäksi.
4. Rukoile ääneen murtaaksesi kaikki manipuloivat hihnat elämässäsi.

Raamatun työkalut

- **1. Samuelin kirja 15:23** – Kapina ja noituus
- **Gal. 5:1** – "Pysykää lujina... älkää antako uudelleen itseänne sitoa orjuuden ikeeseen."
- **2. Korinttilaisille 3:17** – "Missä Herran Henki on, siellä on vapaus."
- **Miika 3:5–7** – Väärät profeetat käyttävät pelottelua ja lahjontaa

Ryhmäkeskustelu ja hakemus

- Kerro (tarvittaessa nimettömänä) tilanteesta, jossa tunsit tulleesi henkisesti tai emotionaalisesti manipuloiduksi.
- Roolileiki "totuuden kertomista" käsittelevä rukous – vapauta kontrolli muista ja ota oma tahtosi takaisin.
- Pyydä jäseniä kirjoittamaan kirjeitä (oikeita tai symbolisia), joissa katkaistaan siteet vaikutusvaltaisiin henkilöihin ja julistetaan vapautta Kristuksessa.

Palvelutyön työkalut:

- Yhdistä toimituskumppanit pareiksi.
- Käytä voiteluöljyä julistaaksesi vapautta mielen ja tahdon yli.
- Käytä ehtoollista vahvistaaksesi uudelleen liiton Kristuksen kanssa ainoana *todellisena suojana* .

Keskeinen näkemys
Missä manipulointi elää, noituus kukoistaa. Mutta missä Jumalan Henki on, siellä on vapaus.

Pohdintapäiväkirja

- Kenen tai minkä olen antanut hallita ääntäni, tahtoani tai suuntaani?
- Olenko koskaan käyttänyt pelkoa tai imartelua saadakseni tahtoni läpi?
- Mitä askelia otan tänään vaeltaakseni Kristuksen vapaudessa?

Vapautuksen rukous
Taivaallinen Isä, sanoudun irti kaikesta minussa tai ympärilläni toimivasta emotionaalisesta, hengellisestä ja psykologisesta manipuloinnista. Katkaisen jokaisen sielun siteen, joka juontaa juurensa pelosta, syyllisyydestä ja kontrollista. Murtaudun vapaaksi kapinasta, vallasta ja pelottelusta. Julistan, että minua johdattaa yksin Sinun Henkesi. Saan armon vaeltaa rakkaudessa, totuudessa ja vapaudessa. Jeesuksen nimessä. Aamen.

PÄIVÄ 18: ANTEEKSIANTOMUUDEN JA KATKERUUDEN VOIMAN MURTAMINEN

"*Anteeksiantamattomuus on kuin joisi myrkkyä ja odottaisi toisen kuolevan.*"

"Katsokaa, ettei mikään karvas juuri kasva ja aiheuta ongelmia ja saastuta monia."
– Heprealaiskirje 12:15

Katkeruus on hiljainen tuhoaja. Se voi alkaa tuskasta – petoksesta, valheesta, menetyksestä – mutta jos sitä ei hillitä, se mätänee anteeksiantamattomuudeksi ja lopulta juureksi, joka myrkyttää kaiken.

Anteeksiantamattomuus avaa oven piinaaville hengille (Matteus 18:34). Se sumentaa erottelukyvyn, estää paranemista, tukahduttaa rukouksesi ja estää Jumalan voiman virtauksen.

Vapautuminen ei ole vain demonien ulos ajamista – se on sisälläsi pitämän sisällön vapauttamista.

KATKERUUDEN GLOBAALIT ilmaisut

- **Afrikka** – Heimosodat, poliittinen väkivalta ja perhepetokset siirtyvät sukupolvelta toiselle.
- **Aasia** – Vanhempien ja lasten välinen häpeä, kastiin liittyvät haavat, uskonnolliset petokset.
- **Eurooppa** – Sukupolvien hiljaisuus hyväksikäytöstä, katkeruus avioerosta tai uskottomuudesta.
- **Latinalainen Amerikka** – Korruptoituneista instituutioista, perheen hylkäämisistä ja hengellisestä manipuloinnista aiheutuneet haavat.

- **Pohjois-Amerikka** – kirkon aiheuttamat loukkaukset, rotuun liittyvät traumat, poissaolevat isät, työpaikkakiusaaminen.

Katkeruus ei aina huuda. Joskus se kuiskaa: "En koskaan unohda, mitä he tekivät."

Mutta Jumala sanoo: *Päästä irti – ei siksi, että he ansaitsevat sen, vaan koska sinä ansaitset.*

Tositarina — Nainen joka ei antaisi anteeksi

Brasilialainen Maria oli 45-vuotias tullessaan ensimmäisen kerran hakemaan vapautusta. Joka yö hän näki unta kuristumisestaan. Hänellä oli mahahaavoja, korkea verenpaine ja masennusta. Istunnon aikana paljastui, että hän oli hautonut vihaa isäänsä kohtaan, joka oli lapsena hyväksikäyttänyt häntä – ja myöhemmin hylännyt perheen.

Hänestä oli tullut kristitty, mutta hän ei ollut koskaan antanut hänelle anteeksi.

Kun hän itki ja päästi miehensä Jumalan eteen, hänen kehonsa kouristeli – jokin meni rikki. Sinä yönä hän nukkui rauhallisesti ensimmäistä kertaa 20 vuoteen. Kaksi kuukautta myöhemmin hänen terveytensä alkoi parantua huomattavasti. Nyt hän jakaa tarinansa naisten paranemisvalmentajana.

Toimintasuunnitelma — Katkeran juuren irrottaminen

1. **Nimeä se** – Kirjoita muistiin niiden ihmisten nimet, jotka satuttivat sinua – jopa itsesi tai Jumala (jos olet salaa ollut vihainen Hänelle).
2. **Päästä irti** – Sano ääneen: *"Päätän antaa anteeksi [nimi]:lle [tietty loukkaus]. Päästän ne irti ja vapautan itseni."*
3. **Polta se** – Jos se on turvallista, polta tai silppua paperi profeetallisena vapautuksen tekona.
4. **Rukoile siunausta** niille, jotka ovat tehneet sinulle vääryyttä – vaikka tunteesi vastustaisivatkin. Tämä on hengellistä sodankäyntiä.

Raamatun työkalut

- *Matteus 18:21–35* – Vertaus anteeksiantamattomasta palvelijasta
- *Heprealaiskirje 12:15* – Katkerat juuret saastuttavat monia
- *Markus 11:25* – Anteeksi, ettei rukouksiasi estettäisi

- *Roomalaiskirje 12:19–21* – Jätä kosto Jumalalle

RYHMÄHAKEMUS JA -PALVELUTYÖ

- Pyydä jokaista henkilöä (yksityisesti tai kirjallisesti) nimeämään joku, jolle heidän on vaikea antaa anteeksi.
- Jakautukaa rukousryhmiin käydäksenne läpi anteeksiantoprosessin alla olevan rukouksen avulla.
- Johda profeetallista "polttoseremoniaa", jossa kirjoitetut loukkaukset tuhotaan ja korvataan paranemisen julistuksilla.

Palvelutyön työkalut:

- Anteeksiantoa koskevat julistuskortit
- Pehmeää instrumentaalimusiikkia tai syvää ylistystä
- Iloöljy (voiteluun vapautuksen jälkeen)

Keskeinen näkemys

Anteeksiantamattomuus on portti, jota vihollinen käyttää hyväkseen. Anteeksianto on miekka, joka katkaisee orjuuden nuoran.

Pohdintapäiväkirja

- Kenelle minun täytyy antaa anteeksi tänään?
- Olenko antanut itselleni anteeksi – vai rankaisenko itseäni menneistä virheistä?
- Uskonko, että Jumala voi palauttaa sen, minkä menetin petoksen tai loukkauksen kautta?

Vapautuksen rukous

Herra Jeesus, tulen eteesi tuskani, vihani ja muistojeni kanssa. Tänään – uskon kautta – valitsen antaa anteeksi kaikille, jotka ovat satuttaneet, hyväksikäyttäneet, pettäneet tai hylänneet minut. Päästän heidät menemään. Vapautan heidät tuomiosta ja vapautan itseni katkeruudesta. Pyydän Sinua parantamaan jokaisen haavan ja täyttämään minut rauhallasi. Jeesuksen nimessä. Aamen.

PÄIVÄ 19: PARANEMINEN HÄPEÄSTÄ JA TUOMIOSTA

"*Häpeä sanoo: 'Minä olen paha.' Tuomio sanoo: 'En koskaan ole vapaa.' Mutta Jeesus sanoo: 'Sinä olet minun, ja minä olen tehnyt sinut uudeksi.'*"

"Ne, jotka katsovat häneen, säteilevät, heidän kasvonsa eivät ole koskaan häpeän peittämät."
– Psalmi 34:5

Häpeä ei ole vain tunne – se on vihollisen strategia. Se on viitta, jonka hän kietoo niiden ympärille, jotka ovat langenneet, epäonnistuneet tai tulleet loukatuiksi. Se sanoo: "Et voi päästä lähelle Jumalaa. Olet liian saastainen. Liian vahingoittunut. Liian syyllinen."

Mutta tuomio on **valhe** – koska Kristuksessa **ei ole tuomiota** (Room. 8:1).

Monet vapautusta etsivät ihmiset jäävät jumiin, koska he uskovat olevansa **vapauden arvottomia**. He kantavat syyllisyyttä kuin rintamerkkiä ja toistavat pahimpia virheitään kuin rikkinäistä levyä.

Jeesus ei maksanut vain syntiesi tähden – hän maksoi häpeäsi tähden.

Globaalit häpeän kasvot

- **Afrikka** – Kulttuuriset tabut raiskauksen, hedelmättömyyden, lapsettomuuden tai avioliiton solmimatta jättämisen ympärillä.
- **Aasia** – Perheen odotuksista tai uskonnollisesta loikkauksesta johtuva häpeä, joka perustuu häpeään.
- **Latinalainen Amerikka** – Syyllisyys aborteista, okkultismiin osallistumisesta tai perheen häpeästä.
- **Eurooppa** – Piilotettu häpeä salaisista synneistä, hyväksikäytöstä tai mielenterveysongelmista.
- **Pohjois-Amerikka** – Häpeä riippuvuudesta, avioerosta,

pornografiasta tai identiteettihämärästä.

Häpeä kukoistaa hiljaisuudessa – mutta se kuolee Jumalan rakkauden valossa.

Tositarina – Uusi nimi abortin jälkeen
Yhdysvaltalainen Jasmine oli tehnyt kolme aborttia ennen Kristuksen luo tulemista. Vaikka hän oli uskonut, hän ei voinut antaa itselleen anteeksi. Jokainen äitienpäivä tuntui kiroukselta. Kun ihmiset puhuivat lapsista tai vanhemmuudesta, hän tunsi itsensä näkymättömäksi – ja mikä pahempaa, arvottomaksi.

Naisten retriitissä hän kuuli Jesajan kirjan luvusta 61 kertovan sanoman – "häpeän sijaan kaksinkertainen osa". Hän itki. Sinä yönä hän kirjoitti kirjeitä syntymättömille lapsilleen, katui jälleen Herran edessä ja sai näyn, jossa Jeesus antoi hänelle uudet nimet: *"Rakastettu", "Äiti", "Palautettu".*

Hän palvelee nyt abortin kokeneita naisia ja auttaa heitä saamaan takaisin identiteettinsä Kristuksessa.

Toimintasuunnitelma — Astu ulos varjoista

1. **Nimeä häpeäsi** – Kirjoita päiväkirjaan, mitä olet salannut tai mistä olet tuntenut syyllisyyttä.
2. **Tunnusta valhe** – Kirjoita ylös syytökset, joihin olet uskonut (esim. "Olen likainen", "Olen hylätty").
3. **Korvaa totuudella** – Julista ääneen Jumalan sanaa itsellesi (katso alla olevat raamatunkohdat).
4. **Profeetallinen toiminta** – Kirjoita paperille sana "HÄPEÄ" ja revi tai polta se. Julista: *"Tämä ei sido minua enää!"*

Raamatun työkalut

- *Room. 8:1–2* – Ei kadotustuomusta Kristuksessa
- *Jesaja 61:7* – Kaksinkertainen osa häpeästä
- *Psalmi 34:5* – Loiste hänen läsnäolossaan
- *Heprealaiskirje 4:16* – Rohkea pääsy Jumalan valtaistuimelle
- *Sefanja 3:19–20* – Jumala poistaa häpeän kansojen keskuudesta

Ryhmähakemus ja -palvelutyö

- Pyydä osallistujia kirjoittamaan nimettömiä häpeälauseita (esim. "Tein abortin", "Minua käytettiin hyväksi", "Tein petoksen") ja laittamaan ne sinetöityyn laatikkoon.
- Lue Jesajan kirjan luku 61 ääneen ja johda sitten rukous vaihdon puolesta – suru ilon, tuhkan kauneuden, häpeän kunnian sijaan.
- Soita ylistysmusiikkia, joka korostaa identiteettiä Kristuksessa.
- Puhu profeetallisia sanoja niiden ihmisten ylle, jotka ovat valmiita päästämään irti.

Palvelutyön työkalut:

- Henkilöllisyystodistuskortit
- Voiteluöljy
- Ylistyssoittolista, jolla on kappaleita kuten "You Say" (Lauren Daigle), "No Longer Slaves" tai "Who You Say I Am"

Keskeinen näkemys

Häpeä on varas. Se varastaa äänesi, ilosi ja auktoriteettisi. Jeesus ei ainoastaan antanut anteeksi syntejäsi – hän riisui häpeältä sen vallan.

Pohdintapäiväkirja

- Mikä on varhaisin häpeämuisto, jonka muistan?
- Mitä valhetta olen itsestäni uskotellut?
- Olenko valmis näkemään itseni sellaisena kuin Jumala minut näkee – puhtaana, säteilevänä ja valittuna?

Parantumisen rukous

Herra Jeesus, tuon sinulle häpeäni, piilotetun tuskani ja kaikki tuomitsevat äänet. Kadun sitä, että olen samaa mieltä vihollisen valheista siitä, kuka olen. Päätän uskoa siihen, mitä sinä sanot – että minut on annettu anteeksi, rakastettu ja uudistettu. Otan vastaan vanhurskauden viittasi ja astun vapauteen. Kävelen pois häpeästä sinun kirkkautesi luo. Jeesuksen nimessä, aamen.

PÄIVÄ 20: KOTINOITUUS — KUN PIMEYS ASUU SAMAN KATON ALLA

"*Kaikki viholliset eivät ole ulkona. Joillakin on tutut kasvot.*"
"Ihmisen vihollisia ovat hänen omat perhekuntansa."
– *Matteus 10:36*

Joitakin kiivaimpia hengellisiä taisteluita ei käydä metsissä tai pyhäköissä – vaan makuuhuoneissa, keittiöissä ja perhealttareilla.

Kotitalouksien noituudella tarkoitetaan demonisia toimia, jotka ovat lähtöisin perheen sisältä – vanhemmilta, puolisoilta, sisaruksilta, kotitaloushenkilökunnalta tai sukulaisilta – kateuden, okkultismin, esi-isien alttarien tai suoran hengellisen manipuloinnin kautta.

Vapautumisesta tulee monimutkaista, kun mukana olevat ihmiset ovat **rakkaitamme tai niitä, joiden kanssa elämme.**

Kotitalouksien noituuden maailmanlaajuisia esimerkkejä

- **Afrikka** – Kateellinen äitipuoli lähettää kirouksia ruoan kautta; sisarus loihtii henkiä menestyneempää veljeän vastaan.
- **Intia ja Nepal** – Äidit omistavat lapsensa jumalille syntymän yhteydessä; kodin alttareita käytetään kohtaloiden hallintaan.
- **Latinalainen Amerikka** – Sukulaisten salaa harjoittama brujeria tai santeria puolisoiden tai lasten manipuloimiseksi.
- **Eurooppa** – Piilotetut vapaamuurarit tai okkulttiset valot suvussa; psyykkiset tai spiritualistiset perinteet siirtyvät sukupolvelta toiselle.
- **Pohjois-Amerikka** – Wiccalaiset tai new age -vanhemmat "siunaavat" lapsiaan kristalleilla, energiapuhdistuksella tai tarotilla.

Nämä voimat saattavat piiloutua perhekiintymyksen taakse, mutta niiden tavoitteena on hallinta, pysähtyneisyys, sairaus ja hengellinen orjuus.

Tositarina — Isäni, kylän profeetta

Länsi-Afrikasta kotoisin oleva nainen varttui kodissa, jossa hänen isänsä oli erittäin arvostettu kylän profeetta. Ulkopuolisille hän oli hengellinen opas. Suljettujen ovien takana hän hautasi taikoja liittoon ja teki uhrauksia suosiota tai kostoa etsivien perheiden puolesta.

Hänen elämäänsä nousi esiin outoja kaavoja: toistuvia painajaisia, epäonnistuneita ihmissuhteita ja selittämättömiä sairauksia. Kun hän antoi elämänsä Kristukselle, hänen isänsä kääntyi häntä vastaan ja julisti, ettei hän koskaan onnistuisi ilman hänen apuaan. Hänen elämänsä meni vauhtiin vuosien ajan.

Kuukausien keskiyön rukousten ja paaston jälkeen Pyhä Henki johdatti hänet irtisanoutumaan kaikista sielunsiteistä isänsä okkulttiseen viittaan. Hän hautasi pyhiä kirjoituksia seiniinsä, poltti vanhoja merkkejä ja voiteli kynnyksensä päivittäin. Hitaasti alkoi läpimurtoja: hänen terveytensä palasi, unelmansa kirkastuivat ja hän lopulta meni naimisiin. Nyt hän auttaa muita naisia, jotka kohtaavat kotitalouksien alttaria.

Toimintasuunnitelma — Kohtaamassa tuttua henkeä

1. **Erottaminen ilman häpeää** – Pyydä Jumalaa paljastamaan kätkettyjä voimia ilman vihaa.
2. **Riko sielulliset sopimukset** – Luovu kaikista hengellisistä siteistä, jotka on solmittu rituaalien, alttarien tai puhuttujen valojen kautta.
3. **Hengellisesti erillään** – Vaikka asuisitte samassa taloudessa, voitte **irrottautua hengellisesti** rukouksen kautta.
4. **Pyhitä tilasi** – Voitele jokainen huone, esine ja kynnys öljyllä ja pyhillä kirjoituksilla.

Raamatun työkalut

- *Miika 7:5–7* – Älä luota lähimmäiseen
- *Psalmi 27:10* – "Vaikka isäni ja äitini minut hylkäisivät…"
- *Luukas 14:26* – Rakasta Kristusta enemmän kuin perhettäsi
- *2. Kuninkaiden kirja 11:1–3* – Salainen pelastus murhanhimoiselta kuningataräidiltä
- *Jesaja 54:17* – Mikään valmistettu ase ei menesty

Ryhmähakemus

- Kertokaa kokemuksia, joissa vastustus tuli perheen sisältä.
- Rukoile viisautta, rohkeutta ja rakkautta kotitalouksien vastustuksen edessä.
- Johda luopumisrukous jokaisesta sukulaisten lausumasta sielunsiteestä tai lausutusta kirouksesta.

Palvelutyön työkalut:

- Voiteluöljy
- Anteeksiantojulistukset
- Liiton vapautusrukoukset
- Psalmi 91 rukouspeite

Keskeinen näkemys

Sukulinja voi olla siunaus tai taistelukenttä. Sinut on kutsuttu lunastamaan se, ei antamaan sen hallita sinua.

Pohdintapäiväkirja

- Olenko koskaan kokenut hengellistä vastustusta läheiseltäni?
- Onko olemassa joku, jolle minun täytyy antaa anteeksi – vaikka hän edelleen toimisi noituudessa?
- Olenko halukas erottumaan, vaikka se maksaisi ihmissuhteita?

Erottelun ja suojelun rukous

Isä, tiedostan, että suurin vastustus voi tulla lähimmiltäni. Annan anteeksi jokaiselle perheenjäsenelle, joka tietoisesti tai tietämättään toimii kohtaloani vastaan. Katkaisen jokaisen sielullisen siteen, kirouksen ja liiton, joka on tehty sukulinjani kautta ja joka ei ole sopusoinnussa valtakuntasi kanssa. Jeesuksen veren kautta pyhitän kotini ja julistan: minä ja perheeni palvelemme Herraa. Aamen.

PÄIVÄ 21: ISEBELIN HENKI — VIETTELY, HALLINTA JA USKONNOLLISET MANIPULOINTI

"*Mutta se minulla on sinua vastaan: sinä suvaitset tuota naista Iisebeliä, joka kutsuu itseään profeetaksi. Opetuksellaan hän eksyttää...*" – Ilmestyskirja 2:20

"*Hänen loppunsa tulee äkkiarvaamatta, eikä sillä ole apua.*" – Sananlaskut 6:15

Jotkut henget huutavat ulkopuolelta.
Isebel kuiskaa sisältä.

Hän ei vain kiusaa – hän **anastaa, manipuloi ja turmelee**, jolloin seurakunnat hajoavat, avioliitot tukehtuvat ja kansakunnat kapinan viekoittelemina.

Mikä on Iisebelin henki?
Iisebelin henki:

- Matkii ennustuksia harhaanjohtamiseksi
- Käyttää viehätysvoimaa ja viettelyä hallitakseen
- Vihaa todellista auktoriteettia ja vaientaa profeetat
- Peittää ylpeyden valheellisen nöyryyden taakse
- Kiintyy usein johtoon tai sen lähipiiriin

Tämä henki voi toimia **miesten tai naisten kautta**, ja se kukoistaa siellä, missä hillitsemätön valta, kunnianhimo tai torjunta jäävät parantamatta.

Globaalit ilmentymät

- **Afrikka** – Vääriä naisprofeettoja, jotka manipuloivat alttareita ja vaativat uskollisuutta pelolla.

- **Aasia** – Uskonnolliset mystikot yhdistävät viettelyä näkyihin hallitakseen hengellisiä piirejä.
- **Eurooppa** – Muinaiset jumalatarkultit heräsivät eloon New Age -käytännöissä voimaannuttamisen nimellä.
- **Latinalainen Amerikka** – Santeria-papittaret käyttävät valtaa perheisiin "hengellisen neuvonnan" avulla.
- **Pohjois-Amerikka** – Sosiaalisen median vaikuttajat mainostavat "jumalallista naisellisuutta" samalla kun pilkkaavat raamatullista alistumista, auktoriteettia tai puhtautta.

Tosi tarina: *Isebel, joka istui alttarilla*

Karibianmeren maassa Jumalan puolesta palava kirkko alkoi himmetä – hitaasti ja hienovaraisesti. Keskiyön rukouksiin kokoontunut esirukousryhmä alkoi hajaantua. Nuorisotyö ajautui skandaaliin. Kirkon avioliitot alkoivat kariutua, ja kerran tulinen pastori muuttui päättämättömäksi ja hengellisesti uupuneeksi.

Kaiken keskipisteenä oli nainen – **sisar R.** Kaunis, karismaattinen ja antelias, ja monet ihailivat häntä. Hänellä oli aina "sana Herralta" ja unelma kaikkien muiden kohtalosta. Hän antoi avokätisesti kirkon projekteille ja ansaitsi paikan lähellä pastoria.

Kulissien takana hän hienovaraisesti **panetteli muita naisia**, vietteli nuoremman pastorin ja kylvi eripuran siemeniä. Hän asetti itsensä hengelliseksi auktoriteetiksi samalla kun hiljaa heikensi varsinaista johtoa.

Eräänä yönä teini-ikäinen tyttö näki kirkossa elävän unen – hän näki käärmeen kiertyneenä saarnastuolin alle kuiskaamassa mikrofoniin. Kauhistuneena hän kertoi unesta äidilleen, joka toi sen pastorille.

Johto päätti aloittaa **kolmipäiväisen paaston** etsiäkseen Jumalan johdatusta. Kolmantena päivänä rukoushetken aikana sisar R alkoi ilmentyä rajusti. Hän sihisi, huusi ja syytti muita noituudesta. Seurasi voimakas vapautus, ja hän tunnusti: hänet oli vihitty hengelliseen veljeskuntaan teini-iän lopulla, ja hänen tehtävänään oli **soluttautua kirkkoihin "varastaakseen heidän tulensa".**

Hän oli jo käynyt **viidessä kirkossa** ennen tätä. Hänen aseensa ei ollut äänekäs – se oli **imartelu, viettely, tunteiden hallinta** ja profeetallinen manipulointi.

Nykyään tuo kirkko on rakentanut alttarinsa uudelleen. Saarnatuoli on vihitty uudelleen käyttöön. Entä tuo nuori teinityttö? Hän on nyt tulinen evankelista, joka johtaa naisten rukousliikettä.

Toimintasuunnitelma – Kuinka kohdata Isebel

1. **Kadu** kaikkia tapoja, joilla olet tehnyt yhteistyötä manipuloinnin, seksuaalisen kontrollin tai hengellisen ylpeyden kanssa.
2. **Tunnista** Isebelin piirteet – imartelu, kapinointi, viettely ja väärät profetiat.
3. **Katkaise sielulliset siteet** ja epäpyhät liitot rukouksessa – erityisesti kaikkien niiden kanssa, jotka vetävät sinua pois Jumalan äänestä.
4. **Julista auktoriteettiasi** Kristuksessa. Isebel pelkää niitä, jotka tietävät keitä he ovat.

Raamatun arsenaali:

- 1. Kuninkaiden kirja 18–21 – Isebel vastaan Elia
- Ilmestyskirja 2:18–29 – Kristuksen varoitus Tyatiralle
- Sananlaskut 6:16–19 – Mitä Jumala vihaa
- Gal. 5:19–21 – Lihan teot

Ryhmähakemus

- Keskustele: Oletko koskaan nähnyt hengellistä manipulointia? Miten se naamioitui?
- Julistakaa ryhmänä, että Iisebeliä ei sallita – kirkossa, kotona tai johdossa.
- Tarvittaessa käytä **vapautusrukous** tai paasto murtaaksesi hänen vaikutuksensa.
- Vihi uudelleen kaikki vaarantuneet ministeriöt tai alttarit.

Lähetystyön työkalut:

Käytä voiteluöljyä. Luo tilaa synnintunnustukselle ja anteeksiannolle. Laula ylistyslauluja, jotka julistavat **Jeesuksen herruutta.**

Keskeinen näkemys

Isebel kukoistaa siellä, missä **tarkkanäköisyys on vähäistä** ja **suvaitsevaisuus korkea** . Hänen valtakautensa päättyy, kun hengellinen auktoriteetti herää.

Pohdintapäiväkirja

- Olenko antanut manipulaation johdattaa minua?
- Onko olemassa ihmisiä tai vaikutteita, jotka olen nostanut Jumalan äänen yläpuolelle?
- Olenko vaientanut profeetallisen ääneni pelosta tai kontrollin puutteesta?

Vapautuksen rukous

Herra Jeesus, sanoudun irti kaikista liitoista Iisebelin hengen kanssa. Torjun viettelyn, kontrollin, väärät profetiat ja manipuloinnin. Puhdista sydämeni ylpeydestä, pelosta ja kompromisseista. Otan valtani takaisin. Revitäänkö alas jokainen alttari, jonka Iisebel on rakentanut elämääni? Asetan Sinut, Jeesus, Herraksi ihmissuhteideni, kutsumukseni ja palvelutyöni yli. Täytä minut arvostelukyvyllä ja rohkeudella. Sinun nimessäsi, aamen.

PÄIVÄ 22: PYTONEJA JA RUKOUKSIA — SUKISTAMISEN HENGEN MURTAMINEN

"*Kerran kun olimme menossa rukouspaikkaan, meitä vastaan tuli orjatar, jossa oli python-henki...*" – Apostolien teot 16:16

"*Te tallaatte leijonan ja kyyn yli...*" – Psalmi 91:13

On olemassa henki, joka ei pure – se **puristaa**.

Se tukahduttaa tulesi. Se kietoutuu rukouselämäsi, hengityksesi, palvontasi, itsekurisi ympärille – kunnes alat luopua siitä, mikä kerran antoi sinulle voimaa.

Pythonin henki – demoninen voima, joka **rajoittaa hengellistä kasvua, viivästyttää kohtaloa, kuristaa rukouksen ja väärentää profetioita**.

Globaalit ilmentymät

- **Afrikka** – Python-henki esiintyy vääränä profeetallisena voimana, joka toimii meri- ja metsäpyhäköissä.
- **Aasia** – Käärmehenkiä palvottiin jumaluuksina, joita on ruokittava tai lepyteltävä.
- **Latinalainen Amerikka** – Santerian käärmealttareita, joita käytettiin vaurauden, himon ja vallan edistämiseen.
- **Eurooppa** – Käärmesymbolit noituudessa, ennustamisessa ja meediopiireissä.
- **Pohjois-Amerikka** – Väärennetyt "profeetalliset" äänet, jotka juurtuvat kapinaan ja hengelliseen hämmennykseen.

Todistus: *Tyttö joka ei saanut henkeä*

Kolumbialainen Marisol alkoi kärsiä hengenahdistuksesta joka kerta, kun hän polvistui rukoilemaan. Hänen rintansa puristui. Hänen unensa olivat täynnä kuvia käärmeistä, jotka kiertyivät hänen kaulansa ympärille tai lepäsivät sängyn alla. Lääkärit eivät löytäneet mitään lääketieteellistä vikaa.

Eräänä päivänä hänen isoäitinsä myönsi, että Marisol oli lapsena ollut "omistautunut" vuorihengelle, jonka tiedettiin esiintyvän käärmeenä. Se oli **"suojelijahenki"**, mutta sillä oli hintansa.

Eräässä vapautuskokouksessa Marisol alkoi huutaa rajusti, kun kädet laskettiin hänen päälleen. Hän tunsi jonkin liikkuvan vatsassaan, rintakehässään ylös ja sitten suustaan ulos, aivan kuin ilmaa olisi puhallettu ulos.

Tuon kohtaamisen jälkeen hengästyminen loppui. Hänen unensa muuttuivat. Hän alkoi johtaa rukouskokouksia – juuri sitä, minkä vihollinen kerran yritti kuristaa hänestä.

Merkkejä siitä, että olet Python-hengen vaikutuksen alaisena

- Väsymys ja raskaus aina kun yrität rukoilla tai palvoa
- Profeetallinen hämmennys tai petolliset unet
- Jatkuvat tunteet tukehtumisesta, tukkeutumisesta tai sidotuksi tulemisesta
- Masennus tai epätoivo ilman selkeää syytä
- Hengellisen halun tai motivaation menetys

Toimintasuunnitelma – Supistusten murtaminen

1. kaikkea okkultismiin, psyykkiseen elämään tai esi-isiin liittyvää **sekaantumista**.
2. **Julista ruumiisi ja henkesi yksin Jumalan omaksi.**
3. **Paasto ja sota** käyttäen Jesajan kirjan 27:1 ja Psalmin 91:13 ohjeita.
4. **Voitele kurkkusi, rintasi ja jalkasi** – vaatien vapautta puhua, hengittää ja vaeltaa totuudessa.

Vapautuksen kirjoitukset:

- Apostolien teot 16:16–18 – Paavali ajaa ulos pythonhengen
- Jesaja 27:1 – Jumala rankaisee Leviatania, pakenevaa käärmettä
- Psalmi 91 – Suojelu ja auktoriteetti

- Luukas 10:19 – Valta tallata käärmeitä ja skorpioneja

RYHMÄHAKEMUS

- Kysy: Mikä tukahduttaa rukouselämäämme – henkilökohtaisesti ja yhteisöllisesti?
- Johda ryhmässä hengitysrukousta – julistaen **Jumalan henkäyksen** (Ruach) jokaisen jäsenen ylle.
- Murra jokainen väärä profeetallinen vaikutus tai käärmeen kaltainen painostus palvonnassa ja esirukouksissa.

Palvelutyökalut: Huiluilla tai hengitysinstrumenteilla suoritettu jumalanpalvelus, köysien symbolinen katkaisu, rukoushuivit hengitysvapauden edistämiseksi.

Keskeinen näkemys

Python-henki tukahduttaa sen, mitä Jumala haluaa synnyttää. Se on kohdattava, jotta saat hengähdystauon ja rohkeuden takaisin.

Pohdintapäiväkirja

- Milloin viimeksi tunsin oloni täysin vapaaksi rukouksessa?
- Onko olemassa hengellisen väsymyksen merkkejä, joita olen jättänyt huomiotta?
- Olenko tietämättäni ottanut vastaan "hengellisiä neuvoja", jotka ovat aiheuttaneet lisää hämmennystä?

Vapautuksen rukous

Isä, Jeesuksen nimessä minä murran jokaisen kuristavan hengen, joka on tarkoitettu tukahduttamaan tarkoitukseni. Sanoudun irti pytonin hengestä ja kaikista vääristä profetioista. Otan vastaan Henkesi henkäyksen ja julistan: Hengitän vapaasti, rukoilen rohkeasti ja vaellan oikeamielisesti. Jokainen elämäni ympärille kietoutunut käärme on katkaistu ja heitetty pois. Otan nyt vastaan vapautuksen. Aamen.

PÄIVÄ 23: PAHUUDEN VALTAISTUIMET — ALUEELLISTEN LINNOITUSTEN REPÄISEMINEN

"Olisiko sinun kanssasi yhteydessä vääryyden valtaistuin, joka lain avulla punoo pahaa?" – Psalmi 94:20

"Meillä ei ole taistelu verta ja lihaa vastaan, vaan pimeyden hallitsijoita vastaan..." – Efesolaiskirje 6:12

On olemassa näkymättömiä **valtaistuimia** – jotka on perustettu kaupunkeihin, kansakuntiin, perheisiin ja järjestelmiin – joissa demonivoimat **hallitsevat laillisesti** liittojen, lainsäädännön, epäjumalanpalveluksen ja pitkittyneen kapinoinnin kautta.

Nämä eivät ole satunnaisia hyökkäyksiä. Nämä ovat **valtaistuimella olevia auktoriteetteja**, jotka ovat syvälle juurtuneet rakenteisiin, jotka ylläpitävät pahuutta sukupolvien ajan.

Kunnes nämä valtaistuimet on **hengellisesti purettu**, pimeyden syklit jatkuvat – riippumatta siitä, kuinka paljon rukouksia pinnallisesti esitetään.

Globaalit linnoitukset ja valtaistuimet

- **Afrikka** – Noituuden valtaistuimia kuninkaallisissa suvuissa ja perinteisissä neuvostoissa.
- **Eurooppa** – sekulaarismin, vapaamuurariuden ja laillistetun kapinan valtaistuimia.
- **Aasia** – Epäjumalanpalveluksen valtaistuimia esi-isien temppeleissä ja poliittisissa dynastioissa.
- **Latinalainen Amerikka** – Narkoterrorismin, kuolemankulttien ja korruption valtaistuimia.
- **Pohjois-Amerikka** – perversioiden, aborttien ja rotujen sorron valtaistuimia.

Nämä valtaistuimet vaikuttavat päätöksiin, tukahduttavat totuuden ja **nielevät kohtaloita**.

Todistus: *Kaupunginvaltuutetun vapautus*

Etelä-Afrikan kaupungissa vastavalittu kristitty valtuutettu huomasi, että jokainen häntä edeltänyt virkamies oli joko tullut hulluksi, eronnut tai kuollut äkillisesti.

Päivien rukousten jälkeen Herra paljasti **veriuhritualin valtaistuimen**, joka oli haudattu kunnantalon alle. Paikallinen näkijä oli kauan sitten istuttanut taikoja osana aluevaatimusta.

Valtuutettu kokosi esirukoilijoita, paastosi ja piti keskiyöllä jumalanpalveluksen valtuustosalissa. Kolmen yön aikana henkilökunta raportoi oudoista huudoista seinissä ja sähköjen välähtelemisestä.

Viikon sisällä alkoivat tunnustukset. Korruptiosopimukset paljastuivat, ja muutaman kuukauden kuluessa julkiset palvelut paranivat. Valtaistuin oli kaatunut.

Toimintasuunnitelma – Pimeyden valtaistuimelta syrjäyttäminen

1. **Tunnista valtaistuin** – pyydä Herraa näyttämään sinulle alueellisia linnoituksia kaupungissasi, virassasi, verilinjassasi tai alueellasi.
2. **Tee parannus maan puolesta** (Danielin kirjan 9. luvun tyylinen esirukous).
3. **Palvo strategisesti** – valtaistuimet murenevat, kun Jumalan kirkkaus ottaa vallan (ks. 2. Aik. 20).
4. **Julista Jeesuksen nimi** ainoaksi todelliseksi kuninkaaksi tuolla alueella.

Ankkurikirjoitukset:

- Psalmi 94:20 – Vääryyden valtaistuimet
- Efesolaiskirje 6:12 – Hallitsijat ja vallat
- Jesaja 28:6 – Oikeudenmukaisuuden henki niille, jotka ryhtyvät taisteluun
- 2. Kuninkaiden kirja 23 – Josia tuhoaa epäjumalien alttarit ja valtaistuimet

RYHMÄN SITOUTTAMINEN

- Järjestä "hengellisen kartan" sessio naapurustostasi tai kaupungistasi.
- Kysy: Mitä synnin, tuskan tai sorron kiertokulkuja tässä on?
- Nimittäkää "vartijoita" rukoilemaan viikoittain tärkeiden porttipaikkojen luona: kouluissa, tuomioistuimissa, toreilla.
- Johtoryhmä antaa hengellisiä hallitsijoita vastaan säädöksiä psalmin 149:5–9 avulla.

Palvelutyökalut: Shofarit, kaupunkikartat, oliiviöljy maan pyhittämiseen, rukouskävelyoppaat.

Keskeinen näkemys

Jos haluat nähdä muutoksen kaupungissasi, **sinun on haastettava järjestelmän takana oleva valtaistuin** – ei vain sen edessä olevaa kasvoa.

Pohdintapäiväkirja

- Onko kaupungissani tai perheessäni toistuvia taisteluita, jotka tuntuvat minua suuremmilta?
- Olenko perinyt taistelun valtaistuinta vastaan, jota en itse noussut valtaistuimelle?
- Mitkä "hallitsijat" täytyy syrjäyttää rukouksessa?

Sodan rukous

Oi Herra, paljasta jokainen vääryyden valtaistuin, joka hallitsee aluettani. Julistan Jeesuksen nimen ainoaksi kuninkaaksi! Jokainen kätketty alttari, laki, sopimus tai pimeyttä pakottava voima hajotettakoon tulella. Otan paikkani esirukoilijana. Karitsan veren ja todistukseni sanan kautta minä kaadan valtaistuimia ja asetan Kristuksen valtaistuimelle kotini, kaupunkini ja kansakuntani ylle. Jeesuksen nimessä. Aamen.

PÄIVÄ 24: SIELUNPALAT – KUN OSIA SINUSTA PUUTTUU

"*Hän virvoittaa minun sieluni...*" – Psalmi 23:3
"*Minä parannan sinun haavasi, sanoo Herra, sillä sinua kutsutaan hylkiöksi...*" – Jeremia 30:17

Trauma voi särkeä sielun. Väkivalta. Torjunta. Petos. Äkillinen pelko. Pitkittynyt suru. Nämä kokemukset eivät jätä vain muistoja – ne **murtavat sisäisen ihmisen**.

Monet ihmiset kävelevät ympäriinsä näyttäen kokonaisilta, mutta elävät **itsestään puuttuvine palasine**. Heidän ilonsa on hajallaan. Heidän identiteettinsä on hajallaan. He ovat loukussa emotionaalisilla aikavyöhykkeillä – osa heistä on jumissa tuskallisessa menneisyydessä, kun taas keho jatkaa ikääntymistään.

Nämä ovat **sielunpalasia** – emotionaalisen, psykologisen ja hengellisen itsesi osia, jotka ovat katkenneet trauman, demonien häirinnän tai noituuden manipuloinnin vuoksi.

Todellinen vapaus pysyy saavuttamattomana, kunnes nuo palaset on koottu, parannettu ja yhdistetty uudelleen Jeesuksen kautta.

Maailmanlaajuiset sielunvarkauskäytännöt

- **Afrikka** – Noitatohtorit vangitsevat ihmisten "olemuksen" purkkeihin tai peileihin.
- **Aasia** – Sielun vangitsemiseen liittyviä rituaaleja gurujen tai tantristen harjoittajien toimesta.
- **Latinalainen Amerikka** – Shamanistinen sielun halkaisu kontrollin tai kirousten vuoksi.
- **Eurooppa** – Okkulttinen peilimagia, jota käytetään identiteetin murtamiseen tai suosion varastamiseen.

- **Pohjois-Amerikka** – Ahdistelun, abortin tai identiteettihämärän aiheuttama trauma luo usein syviä sielun haavoja ja pirstoutumista.

Tarina: *Tyttö joka ei tuntenut*

Andrea, 25-vuotias espanjalainen nainen, oli kestänyt vuosia perheenjäsenensä ahdistelua. Vaikka hän oli ottanut Jeesuksen vastaan, hän pysyi emotionaalisesti tunnoton. Hän ei pystynyt itkemään, rakastamaan tai tuntemaan empatiaa.

Vieraileva pappi kysyi häneltä oudon kysymyksen: "Mihin kadotit ilosi?" Kun Andrea sulki silmänsä, hän muisti olleensa 9-vuotias, käpertyneenä komeroon ja sanoneensa itselleen: "En koskaan enää tunne sitä."

He rukoilivat yhdessä. Andrea antoi anteeksi, luopui sisäisistä lupauksistaan ja kutsui Jeesuksen tuohon erityiseen muistoon. Hän itki hillittömästi ensimmäistä kertaa vuosiin. Sinä päivänä **hänen sielunsa oli ehtynyt**.

Toimintasuunnitelma – sielunhaku ja parantuminen

1. Kysy Pyhältä Hengeltä: *Missä kadotin osan itsestäni?*
2. Anna anteeksi kaikille, jotka olivat osallisina siinä hetkessä, ja **irtisanoudu sisäisistä valaista,** kuten "En koskaan enää luota".
3. Kutsu Jeesus muistoihin ja puhu parantavaa sanaa siihen hetkeen.
4. Rukoile: *"Herra, palauta sieluni. Kutsun jokaista osaani palaamaan ja tulemaan kokonaiseksi."*

Keskeiset kohdat pyhistä kirjoituksista:

- Psalmi 23:3 – Hän virkistää sielun
- Luukas 4:18 – Särkyneiden sydänten parantaminen
- 1. Tessalonikalaiskirje 5:23 – Henki, sielu ja ruumis säilyvät
- Jeremia 30:17 – Parannus hylkiöille ja haavoille

Ryhmähakemus

- Johdata jäseniä ohjatun **sisäisen parantamisen rukoushetken läpi**.
- Kysy: *Onko elämässäsi hetkiä, jolloin lakkasit luottamasta, tuntemasta*

tai unelmoimasta?
- Roolileiki Jeesuksen kanssa "palaamista siihen huoneeseen" ja katso, kuinka Hän parantaa haavan.
- Pyydä luotettuja johtajia laskemaan kätensä lempeästi ihmisten päälle ja julistamaan sielun eheytymistä.

Lähetystyön työkalut: Ylistysmusiikki, pehmeä valaistus, nenäliinat, päiväkirjan kirjoittamiseen liittyvät ideat.

Keskeinen näkemys

Vapautus ei ole vain demonien ulos ajamista. Se on **rikkoutuneiden palasten kokoamista ja identiteetin palauttamista**.

Pohdintapäiväkirja

- Mitkä traumaattiset tapahtumat vaikuttavat edelleen ajatteluuni tai tunteisiini?
- Sanoinko koskaan: "En koskaan enää rakasta" tai "En voi enää luottaa kehenkään"?
- Miltä "kokonaisuus" näyttää minulle – ja olenko siihen valmis?

PALAUTTAMISEN RUKOUS

Jeesus, Sinä olet sieluni paimen. Tuon Sinulle jokaisen paikan, jossa olen ollut murskattu – pelon, häpeän, kivun tai petoksen. Rikon jokaisen sisäisen valan ja kirouksen, joka on lausuttu traumassani. Annan anteeksi niille, jotka haavoittivat minua. Nyt kutsun jokaisen sieluni palasen takaisin. Palauta minut täysin – henki, sielu ja ruumis. En ole rikki ikuisesti. Olen kokonainen Sinussa. Jeesuksen nimessä. Aamen.

PÄIVÄ 25: OUDOTTOMIEN LASTEN KIROUS – KUN KOHTALOT VAIHDUVAT SYNTYMÄSSÄ

"*Heidän lapsensa ovat vieraita lapsia: nyt kuukausi kuluttaa heidät ja heidän osansa.*" – Hoosea 5:7

"*Jo ennen kuin minä sinut muovasin äitisi kohdussa, minä tunsin sinut...*" – Jeremia 1:5

Kaikkia lapsia, jotka ovat syntyneet kyseiseen kotiin, ei ole tarkoitettu kyseiseen kotiin.

Kaikki lapset, jotka kantavat sinun DNA:tasi, eivät kanna perintöäsi.

Vihollinen on pitkään käyttänyt **syntymää taistelukenttänä** – vaihtanut kohtaloita, istuttanut väärennettyjä jälkeläisiä, vihkinyt vauvoja pimeisiin liittoihin ja peukaloinut kohtuja jo ennen hedelmöittymisen alkamista.

Tämä ei ole vain fyysinen kysymys. Se on **hengellinen tapahtuma** – johon liittyy alttareita, uhreja ja demonisia laillisuuksia.

Mitä ovat oudot lapset?

"Oudot lapset" ovat:

- Lapset, jotka ovat syntyneet okkulttisen omistautumisen, rituaalien tai seksuaalisten liittojen kautta.
- Jälkeläiset vaihtuivat syntymässä (joko hengellisesti tai fyysisesti).
- Lapset kantavat synkkiä tehtäviä perheeseen tai sukuun.
- Sielut, jotka on vangittu kohtuun noituuden, nekromantian tai sukupolvien välittämien alttarien avulla.

Monet lapset kasvavat kapinan, riippuvuuden ja vanhempien tai itsevihan vallassa – eivät pelkästään huonon kasvatuksen, vaan myös sen vuoksi, **joka otti heidät hengellisesti omakseen syntymässä**.

GLOBAALIT LAUSEKKEET

- **Afrikka** – Hengellistä vaihtoa sairaaloissa, kohdun saastumista merihenkien tai rituaalisen seksin kautta.
- **Intia** – Lapset vihitään temppeleihin tai karmaan perustuviin kohtaloihin ennen syntymää.
- **Haiti ja Latinalainen Amerikka** – Santerian vihkimykset, lapset siitetään alttarilla tai loitsujen jälkeen.
- **Länsimaat** – Koeputkihedelmöitys ja sijaissynnytyskäytännöt, jotka joskus sidotaan okkulttisiin sopimuksiin tai luovuttajasukuihin; abortit, jotka jättävät hengelliset ovet auki.
- **Alkuperäiskansojen kulttuurit maailmanlaajuisesti** – Henkien nimeämisseremoniat tai totemiset identiteetin siirrot.

Tarina: *Vauva, jolla on väärä henki*

Ugandalainen sairaanhoitaja Clara kertoi, kuinka nainen toi vastasyntyneen lapsensa rukouskokoukseen. Lapsi huusi jatkuvasti, torjui maidon ja reagoi rukoukseen rajusti.

Profeetallinen sana paljasti, että vauva oli "vaihdettu" hengessä syntymän yhteydessä. Äiti tunnusti, että noita oli rukoillut hänen vatsansa puolesta, kun hän oli epätoivoisesti halunnut lasta.

Katumuksen ja hartaiden rukousten ansiosta vauva veltostui ja sitten rauhoittui. Myöhemmin lapsi kukoisti – osoittaen merkkejä rauhan ja kehityksen palautumisesta.

Kaikki lasten vaivat eivät ole luonnollisia. Jotkut ovat **hedelmöityksestä lähtien periytyviä**.

Toimintasuunnitelma – Kohdun kohtalon takaisinvaltaus

1. Jos olet vanhempi, **pyhitä lapsesi uudelleen Jeesukselle Kristukselle**.
2. Luovu kaikista synnytystä edeltävistä kirouksista, vihkimyksistä tai liitoista – jopa esi-isiesi tietämättäsi tekemistä.
3. Puhu suoraan lapsesi hengelle rukouksessa: *"Kuulut Jumalalle.*

Kohtalosi on ennallaan."

4. Jos olet lapseton, rukoile kohtusi puolesta ja hylkää kaikki hengellisen manipuloinnin tai peukaloinnin muodot.

Keskeiset kohdat pyhistä kirjoituksista:

- Hoosea 9:11–16 – Tuomio vieraalle siemenelle
- Jesaja 49:25 – Kilpaile lastesi puolesta
- Luukas 1:41 – Hengellä täytetyt lapset kohdusta lähtien
- Psalmi 139:13–16 – Jumalan tarkoituksellinen suunnitelma kohdussa

Ryhmän sitouttaminen

- Pyydä vanhempia tuomaan lastensa nimet tai valokuvat.
- Julista jokaisen nimen kohdalla: "Lapsesi identiteetti on palautettu. Jokainen vieras käsi on katkaistu."
- Rukoile kaikkien naisten (ja miesten hengellisten siemenen kantajien) hengellistä kohdun puhdistusta.
- Käytä ehtoollista symboloimaan verilinjan kohtalon takaisin ottamista.

Palveluvälineitä: Ehtoollinen, voiteluöljy, painetut nimet tai vauvantarvikkeet (valinnainen).

Keskeinen näkemys

Saatana kohdistaa iskunsa kohtuun, koska **siellä profeetat, soturit ja kohtalot muotoutuvat** . Mutta jokainen lapsi voidaan lunastaa takaisin Kristuksen kautta.

Pohdintapäiväkirja

- Olenko koskaan nähnyt outoja unia raskauden aikana tai synnytyksen jälkeen?
- Kamppailevatko lapseni tavoilla, jotka tuntuvat luonnottomilta?
- Olenko valmis kohtaamaan sukupolvien kapinan tai viivästyksen hengelliset juuret?

Uudelleenpalvontarukous
Isä, tuon kohtuni, siemeneni ja lapseni Sinun alttarillesi. Kadun jokaista ovea – tunnettua tai tuntematonta – joka antoi viholliselle pääsyn. Katkaisen jokaisen kirouksen, vihkimyksen ja demonisen tehtävän, joka on sidottu lapsiini. Puhun heidän ylleen: Te olette pyhät, valitut ja sinetöidyt Jumalan kunniaksi. Sinun kohtalosi on lunastettu. Jeesuksen nimessä. Aamen.

PÄIVÄ 26: VOIMAN SALATUT ALTARIT — VAPAUTUMINEN ELIITIN OKKULTTISISTA LIITOISTA

„*Taas Paholainen vei hänet hyvin korkealle vuorelle ja näytti hänelle kaikki maailman valtakunnat ja niiden loiston. Hän sanoi: 'Kaiken tämän minä annan sinulle, jos sinä kumarrat minua ja kumarrat.'"* – Matteus 4:8–9

Monet ajattelevat, että saatanallista voimaa löytyy vain takahuonerituaaleista tai pimeistä kylistä. Mutta jotkut vaarallisimmista liitoista piilevät kiillotettujen pukujen, eliittikerhojen ja sukupolvien välisen vaikutuksen takana.

Nämä ovat **vallan alttareita** – muodostettuja verivaloista, initiaatioista, salaisista symboleista ja puhutuista lupauksista, jotka sitovat yksilöitä, perheitä ja jopa kokonaisia kansakuntia Luciferin valtakuntaan. Vapaamuurareista kabbalistisiin rituaaleihin, itäisistä tähti-initiaatioista muinaisiin egyptiläisiin ja babylonialaisiin mysteerikouluihin – ne lupaavat valaistumista, mutta tuovat mukanaan orjuuden.

Globaalit yhteydet

- **Eurooppa ja Pohjois-Amerikka** – vapaamuurarius, ruusuristiläisyys, Kultaisen aamunkoiton veljeskunta, Skull & Bones, Bohemian Grove, kabbalan initiaatiot.
- **Afrikka** – Poliittisia verisopimuksia, esi-isien henkien välisiä sopimuksia hallituksesta, korkean tason noituusliittoja.
- **Aasia** – Valaistuneet yhteiskunnat, lohikäärmehenkisopimukset, muinaiseen noituuteen liittyvät verilinjadynastiat.
- **Latinalainen Amerikka** – poliittinen santeria, kartelliin kytköksissä oleva rituaalisuojelu, menestykseen ja koskemattomuuteen tähtäävät

sopimukset.
- **Lähi-itä** – Muinaiset babylonialaiset ja assyrialaiset rituaalit, jotka välitettiin sukupolvelta toiselle uskonnollisten tai kuninkaallisten nimissä.

Todistus – Vapaamuurarin pojanpoika löytää vapauden

Argentiinassa vaikutusvaltaisessa perheessä kasvanut Carlos ei tiennyt, että hänen isoisänsä oli saavuttanut vapaamuurarien 33. asteen. Hänen elämäänsä olivat vaivanneet oudot ilmiöt – unihalvaus, ihmissuhdesabotaasi ja jatkuva kyvyttömyys edistyä, yrittipä hän kuinka kovasti tahansa.

Käytyään vapautusopetuksessa, joka paljasti eliitin okkulttisia yhteyksiä, hän otti esiin sukunsa historian ja löysi vapaamuurarien juhla-asuja ja piilotettuja päiväkirjoja. Keskiyön paaston aikana hän luopui kaikista veriliitoista ja julisti vapauden Kristuksessa. Samalla viikolla hän sai työpaikan, jota hän oli odottanut vuosia.

Korkean tason alttarit luovat korkean tason vastustusta – mutta **Jeesuksen veri** puhuu kovempaa kuin mikään vala tai rituaali.

Toimintasuunnitelma – Piilotetun loosin paljastaminen

1. **Tutki** : Onko suvussasi vapaamuurari-, esoteerisia tai salaisia yhteyksiä?
2. **Irtisanoudu** jokaisesta tunnetusta ja tuntemattomasta liitosta käyttämällä Matteuksen evankeliumiin 10:26–28 perustuvia julistuksia.
3. **Polta tai poista** kaikki okkulttiset symbolit: pyramidit, kaikkinäkevät silmät, kompassit, obeliskit, sormukset tai viitat.
4. **Rukoile ääneen** :

"Rikon kaikki salaiset sopimukset salaseurojen, valokulttien ja väärien veljeskuntien kanssa. Palvelen ainoastaan Herraa Jeesusta Kristusta."

Ryhmähakemus

- Pyydä jäseniä kirjoittamaan muistiin kaikki tunnetut tai epäillyt yhteydet eliittiin kuuluviin okkultismiin.
- Johda **symbolista siteiden katkaisemista** – repi papereita, polta

kuvia tai voitele heidän otsansa erottamisen sinetiksi.
- Käytä **psalmia 2** julistaaksesi kansallisten ja perheiden salaliittojen murtumisen Herran voideltua vastaan.

Keskeinen näkemys

Saatanan suurin ote on usein peitetty salailun ja arvovallan avulla. Todellinen vapaus alkaa, kun paljastat, kiellät ja syrjäytät nuo alttarit palvonnalla ja totuudella.

Pohdintapäiväkirja

- Olenko perinyt vaurautta, valtaa tai mahdollisuuksia, jotka tuntuvat hengellisesti "pielessä"?
- Onko sukujuurissani salaisia yhteyksiä, joita olen jättänyt huomiotta?
- Mitä minulle maksaa katkaista jumalattoman pääsy valtaan – ja olenko siihen halukas?

Vapautuksen rukous

Isä, minä tulen ulos jokaisesta kätketystä majasta, alttarista ja sopimuksesta – omassa nimessäni tai verilinjani puolesta. Katkaisen jokaisen sielullisen siteen, jokaisen verisiteen ja jokaisen valan, tietoisesti tai tietämättäni. Jeesus, Sinä olet minun ainoa valoni, ainoa totuuteni ja ainoa suojani. Anna tulesi kuluttaa jokaisen jumalattoman yhteyden valtaan, vaikutusvaltaan tai petokseen. Saan täydellisen vapauden, Jeesuksen nimessä. Aamen.

PÄIVÄ 27: EPÄPYHÄT LIITTOUTUMINEN — VAPAAMUURARIUS, ILLUMINAATTI JA HENGELLINEN SISÄÄNTULO

"*Älkääkä sekaantuko pimeyden hedelmättömiin tekoihin, vaan pikemminkin paljastakaa ne."* – Efesolaiskirje 5:11.
"Ette voi juoda sekä Herran maljaa että riivaajain maljaa." – 1. Korinttilaisille 10:21.

On olemassa salaseuroja ja globaaleja verkostoja, jotka esiintyvät harmittomina veljesjärjestöinä – tarjoavat hyväntekeväisyyttä, yhteyksiä tai valaistumista. Mutta verhon takana piilee syvempiä valavaloja, veririruaaleja, sielunsiteitä ja luciferilaisen opin kerroksia, jotka on verhottu "valoon".

Vapaamuurarit, Illuminati, Eastern Star, Skull and Bones ja niiden sisarverkostot eivät ole vain sosiaalisia kerhoja. Ne ovat uskollisuuden alttareita – joista osa on vuosisatoja vanhoja – joiden tarkoituksena on soluttautua hengellisesti perheisiin, hallituksiin ja jopa kirkkoihin.

Globaali jalanjälki

- **Pohjois-Amerikka ja Eurooppa** – vapaamuurariuden temppelit, skotlantilaisten riittien loosit, Yalen Skull & Bones.
- **Afrikka** – Poliittisia ja kuninkaallisia vihkimyksiä vapaamuurarien riitteihin, verisopimuksia suojelun tai vallan saamiseksi.
- **Aasia** – Kabbalan koulut naamioituna mystiseksi valaistumiseksi, salaisiksi luostaririuaaleiksi.
- **Latinalainen Amerikka** – Piilotetut eliittiveljeskunnat, santeria yhdistyi eliitin vaikutusvaltaan ja verisopimuksiin.
- **Lähi-itä** – Muinaiset Babylonian salaseurat, jotka olivat kytköksissä

valtarakenteisiin ja väärän valon palvontaan.

NÄMÄ VERKOT USEIN:

- Vaadi verta tai puhuttuja valajaisia.
- Käytä okkulttisia symboleja (kompasseja, pyramideja, silmiä).
- Suorita seremonioita sielun kutsumiseksi tai omistamiseksi järjestykselle.
- Myönnä vaikutusvaltaa tai vaurautta vastineeksi hengellisestä vallasta.

Todistus – Piispan tunnustus

Itäafrikkalainen piispa tunnusti kirkolleen liittyneensä vapaamuurariuteen alemmalla tasolla yliopistoaikanaan – pelkästään "yhteyksien" vuoksi. Mutta noustessaan urallaan hän alkoi nähdä outoja vaatimuksia: hiljaisuuden valaa, seremonioita silmät peittävine siteineen ja symboleineen sekä "valoa", joka teki hänen rukouselämästään kylmän. Hän lakkasi unelmoimasta. Hän ei pystynyt lukemaan Raamattua.

Katunutaan ja julkisesti tuomittuaan jokaisen arvonimen ja lupauksen, hengellinen sumu hälveni. Nykyään hän saarnaa Kristusta rohkeasti paljastaen sen, mihin hän itse kerran osallistui. Kahleet olivat näkymättömät – kunnes ne katkesivat.

Toimintasuunnitelma – Vapaamuurarien ja salaseurojen vaikutuksen murtaminen

1. **Tunnista** kaikki henkilökohtaiset tai perheenjäsenten väliset yhteydet vapaamuurariuteen, ruusuristiläiseen toimintaan, kabbalaan, Pääkallon ja luiden veljeskuntaan tai vastaaviin salaisiin järjestöihin.
2. **Luovu jokaisesta initiaation tasosta tai asteesta** 1. tasosta 33. tasoon tai korkeammalle, mukaan lukien kaikki rituaalit, merkit ja valat. (Voit löytää ohjattuja vapautumisluopuksia verkosta.)
3. **Rukoile auktoriteetilla** :

"Katkaisen jokaisen sielunsiteen, veriliiton ja salaisille seuroille tehdyn valan – itse tai puolestani. Lunastan sieluni Jeesukselle Kristukselle!"

1. **Tuhoa symbolisia esineitä**: juhla-asuun kuuluvia lahjoja, kirjoja, todistuksia, sormuksia tai kehystettyjä kuvia.
2. **Julista** vapaus käyttämällä:
    - *Galatalaiskirje 5:1*
    - *Psalmi 2:1–6*
    - *Jesaja 28:15–18*

Ryhmähakemus

- Pyydä ryhmää sulkemaan silmänsä ja pyytämään Pyhää Henkeä paljastamaan mahdolliset salaiset kytkökset tai perhesiteet.
- Yritysluopuminen: rukoile tuomitaksesi kaikki tunnetut tai tuntemattomat siteet eliittijärjestöihin.
- Käytä ehtoollista sinetöidäksesi rikkomuksen ja sovittaaksesi liitot uudelleen Kristuksen tahdon mukaisiksi.
- Voitele päät ja kädet – palauttaaksesi mielen selkeyden ja pyhien tekojen tekemisen.

Keskeinen näkemys

Sitä, mitä maailma kutsuu "eliitiksi", Jumala saattaa kutsua kauhistukseksi. Kaikki vaikutusvalta ei ole pyhää – eikä kaikki valo ole valoa. Ei ole olemassa sellaista asiaa kuin harmiton salailu, kun kyse on hengellisistä valaista.

Pohdintapäiväkirja

- Olenko ollut osa salaisista killoista tai mystisten valaistumisryhmien jäsen tai ollut niistä kiinnostunut?
- Onko uskossani merkkejä hengellisestä sokeudesta, pysähtyneisyydestä tai kylmyydestä?
- Pitääkö minun kohdata perheenjäsenten väliset vuorovaikutukset rohkeasti ja tyylikkäästi?

Vapauden rukous

Herra Jeesus, tulen eteesi ainoana todellisena Valona. Sanoudun irti jokaisesta siteestä, jokaisesta valasta, jokaisesta väärästä valosta ja jokaisesta salaisesta veljeskunnasta, joka vaatii minua itselleen. Katkaisen vapaamuurariuden, salaseurat, muinaiset veljeskunnat ja kaikki pimeyteen liittyvät hengelliset siteet. Julistan olevani yksin Jeesuksen veren alla – sinetöity, vapautettu ja vapaa. Anna Henkesi polttaa pois kaikki näiden liittojen jäänteet. Jeesuksen nimessä, aamen.

PÄIVÄ 28: KABBALA, ENERGIAVERKOT JA MYSTISEN "VALON" HOUKUTTELU

"*Sillä itse Saatana tekeytyy valon enkeliksi.*" – 2. Korinttilaisille 11:14
"*Se valo, joka sinussa on, on pimeyttä – kuinka syvä onkaan pimeys!*"
– Luukas 11:35

Aikakaudella, joka on pakkomielteisesti hengellisen valaistumisen vallassa, monet tietämättään sukeltavat muinaisiin kabbalistisiin käytäntöihin, energiaparantamiseen ja mystisiin valo-opetuksiin, jotka juontavat juurensa okkulttisista opeista. Nämä opetukset naamioituvat usein "kristilliseksi mystiikaksi", "juutalaiseksi viisaudeksi" tai "tieteeseen perustuvaksi hengellisyydeksi" – mutta ne ovat peräisin Babylonista, eivät Siionista.

Kabbala ei ole vain juutalainen filosofinen järjestelmä; se on hengellinen matriisi, joka on rakennettu salaisille koodeille, jumalallisille säteilyille (sefirot) ja esoteerisille poluille. Se on sama viettelevä petos tarotin, numerologian, horoskooppiportaalien ja New Age -verkkojen takana.

Monet julkkikset, vaikuttajat ja liike-elämän mogulit käyttävät punaisia nauhoja, meditoivat kristallienergialla tai seuraavat Zoharia tietämättään osallistuvansa näkymättömään henkisen ansan järjestelmään.

Globaalit kietoutumiset

- **Pohjois-Amerikka** – Kabbalan keskukset naamioituna hyvinvointitiloiksi; ohjattuja energiameditaatioita.
- **Eurooppa** – druidilainen kabbala ja esoteerinen kristinusko opetettiin salaisissa killoissa.
- **Afrikka** – Vurauskultit sekoittavat pyhiä kirjoituksia numerologiaan ja energiaportaaleihin.
- **Aasia** – Chakrojen parantaminen nimettiin uudelleen "valon aktivoinniksi" universaalien koodien mukaisesti.

- **Latinalainen Amerikka** – Pyhimykset sekoitettuna kabbalistisiin arkkienkeleihin mystisessä katolilaisuudessa.

Tämä on väärän valon viettelyä – jossa tiedosta tulee jumala ja valaistuksesta vankila.

Todellinen todistus – "Valoansan" välttäminen

Eteläamerikkalainen yritysvalmentaja Marisol luuli löytäneensä todellista viisautta numerologian ja kabbalistisen mentorin "jumalallisen energian virtauksen" kautta. Hänen unensa kirkastuivat, näyt teräviksi. Mutta hänen rauhansa? Mennyt. Hänen ihmissuhteensa? Romahtamassa.

Hän huomasi piinaavansa unissaan varjomaisia olentoja, huolimatta hänen päivittäisistä "valorukouksistaan". Ystävä lähetti hänelle videotodistuksen entisestä mystikosta, joka kohtasi Jeesuksen. Sinä yönä Marisol huusi Jeesusta avuksi. Hän näki sokaisevan valkoisen valon – ei mystisen, vaan puhtaan. Rauha palasi. Hän tuhosi tavaransa ja aloitti vapautumismatkansa. Nykyään hän johtaa kristuskeskeistä mentorointialustaa hengellisen petoksen loukkuun jääneille naisille.

Toimintasuunnitelma – Väärän valaistumisen hylkääminen

1. **Testaa** altistumistasi: Oletko lukenut mystisiä kirjoja, harjoittanut energiahoitoa, noudattanut horoskooppeja tai käyttänyt punaisia naruja?
2. **Kadu** sitä, että etsit valoa Kristuksen ulkopuolelta.
3. **Katkaise siteet seuraavien** kanssa:
   - Kabbalan/Zoharin opetukset
   - Energialääketiede tai valoaktivointi
   - Enkelien kutsuminen tai nimen dekoodaus
   - Pyhä geometria, numerologia tai "koodit"
4. **Rukoile ääneen** :

"*Jeesus, Sinä olet maailman valo. Sanoudun irti jokaisesta väärästä valosta, jokaisesta okkulttisesta opetuksesta ja jokaisesta mystisestä ansasta. Palaan sinun luoksesi ainoana totuuden lähteenäni!*"

1. **Julistettavia raamatunkohtia** :

- Johanneksen evankeliumi 8:12
- 5. Mooseksen kirja 18:10–12
- Jesaja 2:6
- 2. Korinttilaisille 11:13–15

Ryhmähakemus

- Kysy: Oletko sinä (tai perheenjäsenesi) koskaan osallistunut tai altistunut New Age -opetuksille, numerologialle, kabbalalle tai mystisille "valo"-opetuksille?
- Ryhmässä luopuminen väärästä valosta ja omistautuminen uudelleen Jeesukselle ainoana Valona.
- Käytä suolan ja valon kuvastoa – anna jokaiselle osallistujalle ripaus suolaa ja kynttilä julistamaan: "Minä olen suola ja valo yksin Kristuksessa."

Keskeinen näkemys
Kaikki valo ei ole pyhää. Se, mikä valaisee Kristuksen ulkopuolella, lopulta kuluttaa.

Pohdintapäiväkirja

- Olenko etsinyt tietoa, voimaa tai parantumista Jumalan sanan ulkopuolelta?
- Mistä hengellisistä työkaluista tai opetuksista minun täytyy päästä eroon?
- Onko ketään, jolle olen esitellyt New Agea tai "valoa" koskevia käytäntöjä, joita minun pitäisi nyt opastaa takaisin?

Vapautuksen rukous
Isä, olen eri mieltä jokaisen väärän valon, mystiikan ja salaisen tiedon hengen kanssa. Sanoudun irti kabbalasta, numerologiasta, pyhästä geometriasta ja jokaisesta valoa tekevästä pimeästä koodista. Julistan Jeesuksen olevan elämäni valo. Poistun petoksen polulta ja astun totuuteen. Puhdista minut tulellasi ja täytä minut Pyhällä Hengellä. Jeesuksen nimessä. Aamen.

PÄIVÄ 29: ILLUMINAATIN VERHTO — ELIITIN OKKULTTISTEN VERKOSTOJEN PALJASTAMINEN

"*Maan kuninkaat nousevat ja ruhtinaat kokoontuvat yhteen Herraa ja hänen Voideltuaan vastaan.*" – Psalmi 2:2

"*Ei ole mitään kätkettyä, mikä ei tule paljastetuksi, eikä mitään kätkettyä, mikä ei tule päivänvaloon.*" – Luukas 8:17

Maailmamme sisällä on maailma. Piilossa, näkyvillä.

Hollywoodista suurrahoitukseen, poliittisista käytävistä musiikki-imperiumeihin, synkkien liittojen ja hengellisten sopimusten verkosto hallitsee järjestelmiä, jotka muokkaavat kulttuuria, ajattelua ja valtaa. Se on enemmän kuin salaliitto – se on muinainen kapina, joka on pakattu uudelleen nykyaikaiselle näyttämölle.

Illuminati ei ole pohjimmiltaan pelkkä salainen seura – se on luciferilainen agenda. Hengellinen pyramidi, jossa huipulla olevat vannovat uskollisuutta veren, rituaalien ja sielujenvaihdon kautta, usein käärittynä symboleihin, muotiin ja popkulttuuriin massojen ehdollistamiseksi.

Kyse ei ole vainoharhaisuudesta, vaan tietoisuudesta.

TOSI TARINA – MATKA kuuluisuudesta uskoon

Marcus oli nouseva musiikkituottaja Yhdysvalloissa. Kun hänen kolmas suuri hittinsä nousi listojen kärkeen, hänet esiteltiin eksklusiiviselle klubille – vaikutusvaltaisia miehiä ja naisia, henkisiä "mentoreita", salamyhkäisiä sopimuksia. Aluksi se vaikutti eliittitason mentoroinnilta. Sitten tulivat "loitsuhetket" – pimeät huoneet, punaiset valot, laulut ja peilirituaalit. Hän alkoi kokea ruumiista irtautumismatkoja, ääniä, jotka kuiskasivat hänelle lauluja öisin.

Eräänä yönä, vaikutuksen ja piinan alaisena, hän yritti riistää itseltään hengen. Mutta Jeesus puuttui asiaan. Rukoilevan isoäidin esirukous mursi voimansa. Hän pakeni, hylkäsi järjestelmän ja aloitti pitkän vapautusmatkan. Nykyään hän paljastaa teollisuuden pimeyden musiikin kautta, joka todistaa valosta.

PIILOTETUT OHJAUSJÄRJESTELMÄT

- **Veriuhrit ja seksirituaalit** – Valtaan vihkiminen vaatii vaihdon: ruumiin, veren tai viattomuuden.
- **Mieliohjelmointi (MK Ultra -mallit)** – Käytetään mediassa, musiikissa ja politiikassa pirstaloituneisiin identiteetteihin ja käsittelijöihin.
- **Symboliikka** – Pyramidin silmät, feeniksit, ruutukuvioiset lattiat, pöllöt ja ylösalaisin olevat tähdet – uskollisuuden portit.
- **Luciferilainen oppi** – "Tee mitä tahdot", "Tule omaksi jumalaksesi", " Valonkantajavalaistuminen ".

Toimintasuunnitelma – Irtautuminen eliittiverkoista

1. **Kadu** osallistumista mihin tahansa okkulttiseen voimaannuttamiseen liittyvään järjestelmään, jopa tietämättäsi (musiikki, media, sopimukset).
2. **Luovu** kuuluisuudesta hinnalla millä hyvänsä, piilotetuista liitoista tai viehätyksestä eliittielämäntyyleihin.
3. **Rukoile** jokaisen sopimuksen, brändin tai verkoston puolesta, johon kuulut . Pyydä Pyhää Henkeä paljastamaan piilossa olevia siteitä.
4. **Julista ääneen** :

"Hylkään kaikki pimeyden järjestelmät, valat ja symbolit. Kuulun Valon Valtakuntaan. Sieluni ei ole myytävänä!"

1. **Ankkurikirjoitukset** :
    - Jesaja 28:15–18 – Liitto kuoleman kanssa ei pysy voimassa

- Psalmi 2 – Jumala nauraa pahoille salaliitoille
- 1. Korinttilaisille 2:6–8 – Tämän maailman hallitsijat eivät ymmärrä Jumalan viisautta

RYHMÄHAKEMUS

- Johda ryhmää **symbolien puhdistussessiossa** – tuo mukanasi kuvia tai logoja, joista osallistujilla on kysyttävää.
- Kannusta ihmisiä kertomaan, missä he ovat nähneet Illuminatin merkkejä popkulttuurissa ja miten se on muokannut heidän näkemyksiään.
- Kehota osallistujia sitoutumaan **uudelleen vaikutusvaltaansa** (musiikki, muoti, media) Kristuksen tarkoitukseen.

Keskeinen näkemys

Voimakkain petos on se, joka kätkeytyy loistoon. Mutta kun naamio poistetaan, kahleet katkeavat.

Pohdintapäiväkirja

- Vetävätkö minua puoleensa symbolit tai liikkeet, joita en täysin ymmärrä?
- Olenko tehnyt lupauksia tai sopimuksia tavoitellessani vaikutusvaltaa tai mainetta?
- Mikä osa lahjoistani tai alustastani minun täytyy luovuttaa jälleen Jumalalle?

Vapauden rukous

Isä, hylkään kaikki Illuminatin ja okkultismin salaiset rakenteet, valat ja vaikutuksen muodot. Sanoudun irti maineesta ilman Sinua, vallasta ilman tarkoitusta ja tiedosta ilman Pyhää Henkeä. Perun jokaisen veri- tai sanaliiton, joka on koskaan tehty minun ylitseni, tietoisesti tai tietämättäni. Jeesus, asetan Sinut valtaistuimelleni Herraksi mieleni, lahjojeni ja kohtaloni yli. Paljasta ja tuhoa jokainen näkymätön kahle. Sinun nimessäsi nousen ja vaellan valossa. Aamen.

PÄIVÄ 30: MYSTEERIKOULUT — MUINAISIA SALAISUUKSIA, NYKYAIKAISTA SIDONTA

"Heidän kurkkunsa on avoin hauta, heidän kielensä puhuu petosta. Kyykäärmeiden myrkkyä on heidän huulillaan." – Room. 3:13

"Älkää kutsuko salaliitoksi kaikkea, mitä tämä kansa kutsuu salaliitoksi, älkää pelätkö sitä, mitä he pelkäävät... Herraa Kaikkivaltiasta teidän tulee pitää pyhänä..." – Jesaja 8:12–13

Kauan ennen Illuminatia oli olemassa muinaisia mysteerikouluja – Egyptissä, Babylonissa, Kreikassa ja Persiassa – jotka oli suunniteltu paitsi välittämään "tietoa", myös herättämään yliluonnollisia voimia pimeiden rituaalien avulla. Nykyään näitä kouluja herätetään henkiin eliittiyliopistoissa, hengellisissä retriiteissä, "tietoisuusleireillä" ja jopa verkkokoulutuskursseilla, jotka on naamioitu henkilökohtaiseksi kehitykseksi tai korkeamman tason tietoisuuden heräämiseksi.

Kabbalan piireistä teosofiaan, hermeettisiin sääntökuntiin ja ruusuristiläisyyteen – tavoite on sama: "tulla jumalten kaltaiseksi", herättää piilevä voima antautumatta Jumalalle. Kätketyt laulut, pyhä geometria, astraaliprojektio, käpylisäkkeen avaaminen ja seremonialliset rituaalit saattavat monet hengelliseen orjuuteen "valon" varjolla.

Mutta jokainen "valo", joka ei ole juurtunut Jeesukseen, on väärää valoa. Ja jokainen salainen vala on murrettava.

Tosi tarina – Taitavasta hylätyksi

Eteläafrikkalainen hyvinvointivalmentaja Sandra* liittyi egyptiläiseen mysteeriveljeskuntaan mentorointiohjelman kautta. Koulutukseen sisältyi chakraharjoituksia, aurinkomeditaatioita, kuurituaaleja ja muinaisia viisauskääröjä. Hän alkoi kokea "latauksia" ja "ylösnousemuksia", mutta pian nämä muuttuivat paniikkikohtauksiksi, unihalvauksiksi ja itsemurha-ajatuksiksi.

Kun vapautussaarnaaja paljasti lähteen, Sandra tajusi, että hänen sielunsa oli sidottu valalla ja hengellisillä sopimuksilla. Veljeskunnasta luopuminen tarkoitti tulojen ja yhteyksien menettämistä – mutta hän sai vapautensa takaisin. Nykyään hän johtaa Kristukseen keskittyvää parannuskeskusta ja varoittaa muita New Age -petoksesta.

Nykypäivän mysteerikoulujen yhteisiä piirteitä

- **Kabbalan piirit** – juutalainen mystiikka sekoitettuna numerologiaan, enkelien palvontaan ja astraalitasoihin.
- **Hermetismi** – "Niin ylhäällä, niin alhaalla" -oppi; antaa sielulle voimaa manipuloida todellisuutta.
- **Ruusuristiläiset** – Salaiset veljeskunnat, jotka liittyvät alkemialliseen muutokseen ja henkien ylösnousemukseen.
- **Vapaamuurarit ja esoteeriset veljeskunnat** – Kerrostettu eteneminen piilotettuun valoon; jokainen aste sidottu valalla ja rituaaleilla.
- **Hengelliset retriitit** – psykedeelisiä "valaistumis"seremonioita shamaanien tai "oppaiden" kanssa.

Toimintasuunnitelma – Muinaisten ikeiden murtaminen

1. **Irti** kaikista liitoista, jotka on tehty initiaatioiden, kurssien tai hengellisten sopimusten kautta Kristuksen ulkopuolella.
2. **Peruuta** jokaisen sellaisen "valon" tai "energian" lähteen voima, joka ei ole juurtunut Pyhään Henkeen.
3. **Puhdista** kotisi symboleista: ankhista, Horuksen silmästä, pyhästä geometriasta, alttareista, suitsukkeista, patsaista tai rituaalikirjoista.
4. **Julista ääneen** :

"Hylkään kaikki muinaiset ja nykyaikaiset polut väärään valoon. Alistun Jeesukselle Kristukselle, todelliselle valolle. Jokainen salainen vala on murrettu hänen verellään."

ANKKURIKIRJOITUKSET

- Kolossalaiskirje 2:8 – Ei onttoa ja petollista filosofiaa
- Joh. 1:4–5 – Totinen valo loistaa pimeydessä
- 1. Korinttilaisille 1:19–20 – Jumala tuhoaa viisaiden viisauden

RYHMÄHAKEMUS

- Järjestä symbolinen "kirjakääröjen poltto" -ilta (Apostolien teot 19:19) - jossa ryhmän jäsenet tuovat ja tuhoavat kaikki okkultismiin liittyvät kirjat, korut ja esineet.
- Rukoile ihmisten puolesta, jotka ovat "ladanneet" outoa tietoa tai avanneet kolmannen silmän chakroja meditaation avulla.
- Kävele osallistujia **"valonsiirtorukouksen" läpi** – pyydä Pyhää Henkeä ottamaan haltuunsa kaikki okkulttiselle valolle aiemmin antautuneet alueet.

KESKEINEN NÄKEMYS

Jumala ei kätke totuutta arvoituksiin ja rituaaleihin – Hän ilmoittaa sen Poikansa kautta. Varo "valoa", joka vetää sinut pimeyteen.

POHDINTAPÄIVÄKIRJA

- Olenko liittynyt mihinkään verkko- tai fyysiseen kouluun, joka lupaa muinaista viisautta, aktivointi- tai mysteerivoimia?
- Onko olemassa kirjoja, symboleja tai rituaaleja, joita aiemmin pidin harmittomina, mutta joista nyt tunnen syyllisyyttä?
- Missä olen etsinyt enemmän hengellistä kokemusta kuin suhdetta Jumalaan?

Vapautuksen rukous

Herra Jeesus, Sinä olet Tie, Totuus ja Valo. Kadun jokaista polkua, jonka olen kulkenut ohi Sanasi. Sanoudun irti kaikista mysteerikouluista, salaisista veljeskunnista, valaista ja initiaatioista. Katkaisen sielulliset siteet kaikkiin oppaisiin, opettajiin, henkiin ja järjestelmiin, jotka ovat juurtuneet muinaiseen petokseen. Loista valosi jokaiseen sydämeni kätkettyyn paikkaan ja täytä minut Henkesi totuudella. Jeesuksen nimessä vaellan vapaasti. Aamen.

PÄIVÄ 31: KABBALA, PYHÄ GEOMETRIA JA ELIITIN VALOPETOS

"*Sillä itse Saatana tekeytyy valon enkeliksi.*" – 2. Korinttilaisille 11:14

"*Salaiset asiat kuuluvat Herralle, meidän Jumalallemme, mutta paljastetut asiat kuuluvat meille...*" – 5. Mooseksen kirja 29:29

Hengellisen tiedon etsinnässämme piilee vaara – "kätketyn viisauden" houkutus, joka lupaa voimaa, valoa ja jumalallisuutta ilman Kristusta. Julkkispiireistä salaisiin looseihin, taiteesta arkkitehtuuriin, petoksen kaava kutoo tiensä halki maapallon ja vetää etsijöitä **kabbalan**, **pyhän geometrian** ja **mysteeriopetusten esoteeriseen verkkoon**.

Nämä eivät ole harmittomia älyllisiä tutkimusmatkoja. Ne ovat sisäänkäyntejä hengellisiin liittoihin langenneiden enkelien kanssa, jotka tekeytyvät valoksi.

GLOBAALIT ILMENTYMÄT

- **Hollywood ja musiikkiteollisuus** – Monet julkkikset käyttävät avoimesti kabbalan rannekoruja tai tatuoivat pyhiä symboleja (kuten elämänpuuta), jotka juontavat juurensa okkulttiseen juutalaiseen mystiikkaan.
- **Muoti ja arkkitehtuuri** – Vapaamuurarien suunnittelemia ja pyhiä geometrisia kuvioita (elämän kukka, heksagrammit, Horuksen silmä) on upotettu vaatteisiin, rakennuksiin ja digitaaliseen taiteeseen.
- **Lähi-itä ja Eurooppa** – Kabbalan opiskelukeskukset kukoistavat eliitin keskuudessa, ja niissä yhdistetään usein mystiikkaa numerologiaan, astrologiaan ja enkelien loitsuihin.
- **Verkossa ja New Age -piireissä maailmanlaajuisesti** – YouTube,

TikTok ja podcastit normalisoivat "valokoodeja", "energiaportaaleja", "3–6–9-värähtelyjä" ja "jumalallisen matriisin" opetuksia, jotka perustuvat pyhään geometriaan ja kabbalistisiin viitekehyksiin.

Tosi tarina — Kun valosta tulee valhe

27-vuotias ruotsalainen Jana alkoi tutkia kabbalaa seurattuaan suosikkilaulajaansa, joka piti sitä hänen "luovana heräämisenään". Hän osti punaisen narurannekkeen, alkoi meditoida geometristen mandalojen kanssa ja tutki enkelien nimiä muinaisista heprealaisista teksteistä.

Asiat alkoivat muuttua. Hänen unensa muuttuivat oudoiksi. Hän tunsi unissaan olentoja vierellään kuiskimassa viisautta – ja sitten vaatimassa verta. Varjot seurasivat häntä, mutta hän kaipasi lisää valoa.

Lopulta hän törmäsi netissä vapautusvideoon ja tajusi, että hänen piinansa ei ollutkaan hengellinen ylösnousemus, vaan hengellinen petos. Kuuden kuukauden vapautussessioiden, paastoamisen ja kaikkien kabbalististen esineiden polttamisen jälkeen hänen talossaan rauha alkoi palata. Nyt hän varoittaa muita bloginsa kautta: "Väärä valo melkein tuhosi minut."

POLUN EROTTAMINEN

Kabbala, vaikka se joskus puetaankin uskonnollisiin vaatteisiin, hylkää Jeesuksen Kristuksen ainoana tienä Jumalan luo. Se usein korottaa **"jumalallista itseä"**, edistää **kanavointia** ja **elämänpuun kaltaista ylösnousemusta** sekä käyttää **matemaattista mystiikkaa** voiman herättämiseen. Nämä käytännöt avaavat **hengellisiä portteja** – eivät taivaaseen, vaan olennoille, jotka tekeytyvät valonkantajiksi.

Monet kabbalistiset opit leikkaavat:

- Vapaamuurarius
- Ruusuristiläisyys
- Gnostilaisuus
- Luciferian valaistumiskultit

Yhteinen nimittäjä? Jumaluuden tavoittelu ilman Kristusta.

Toimintasuunnitelma – Väärän valon paljastaminen ja häätäminen

1. **Kadu** kaikkea tekemistäsi kabbalan, numerologian, pyhän geometrian tai "mysteerikoulujen" opetusten kanssa.
2. kodissasi olevat **esineet, jotka liittyvät näihin käytäntöihin – mandalat, alttarit, kabbalan tekstit, kristalliristikot, pyhät symbolikorut.**
3. **Sanoudu irti väärän valon hengistä** (esim. Metatron, Raziel, mystisessä muodossa oleva Shekinah) ja käske jokaista väärää enkeliä lähtemään.
4. **Uppoudu** Kristuksen yksinkertaisuuteen ja riittävyyteen (2. Korinttilaisille 11:3).
5. **Paastota ja voitele** itsesi – silmät, otsa, kädet – hyläten kaiken väärän viisauden ja julistaen uskollisuutesi yksin Jumalalle.

Ryhmähakemus

- Jaa kokemuksiasi "valon opetusten", numerologian, kabbalan median tai pyhien symbolien kanssa.
- Listatkaa ryhmänä lauseita tai uskomuksia, jotka kuulostavat "hengellisiltä", mutta ovat ristiriidassa Kristuksen kanssa (esim. "Olen jumalallinen", "maailmankaikkeus tarjoaa", "Kristus-tietoisuus").
- Voitele jokainen henkilö öljyllä ja julista samalla Johanneksen evankeliumin kohtaa 8:12: *"Jeesus on maailman valo."*
- Polta tai hävitä kaikki materiaalit tai esineet, jotka viittaavat pyhään geometriaan, mystiikkaan tai "jumalallisiin koodeihin".

KESKEINEN NÄKEMYS

Saatana ei tule ensin tuhoajana. Hän tulee usein valaisijana – tarjoamalla salaista tietoa ja väärää valoa. Mutta tuo valo johtaa vain syvempään pimeyteen.

Pohdintapäiväkirja

- Olenko avannut henkeni millekään "hengelliselle valolle", joka ohitti Kristuksen?
- Onko olemassa symboleja, lauseita tai esineitä, joita pidin vaarattomina, mutta jotka nyt tunnistan portaaleiksi?
- Olenko asettanut henkilökohtaisen viisauden Raamatun totuuden edelle?

Vapautuksen rukous
Isä, minä sanoudun irti kaikesta väärästä valosta, mystisistä opetuksista ja salaisesta tiedosta, joka on kietonut sieluni. Tunnustan, että vain Jeesus Kristus on maailman todellinen valo. Hylkään kabbalan, pyhän geometrian, numerologian ja kaikki demonien opit. Jokainen väärä henki juurineen poistettakoon elämästäni. Puhdista silmäni, ajatukseni, mielikuvitukseni ja henkeni. Olen yksin Sinun – henki, sielu ja ruumis. Jeesuksen nimessä. Aamen.

PÄIVÄ 3 2: SISÄLLINEN KÄÄRMEENHENKI – KUN VAPAUTUS TULEE LIIAN MYÖHÄISEEN

"Heillä on silmät täynnä aviorikoksen tekemistä... he viekoittelevat horjuvia sieluja... he ovat seuranneet Bileamin tietä... jolle on varattu pimeys ja synkeys ikuisesti." – 2. Piet. 2:14–17

"Älkää eksykö. Jumalaa ei voi pilkata. Mitä ihminen kylvää, sitä hän niittää." – Gal. 6:7

On olemassa demoninen väärennös, joka esitellään valaistumisena. Se parantaa, antaa energiaa ja voimaa – mutta vain hetken aikaa. Se kuiskaa jumalallisia mysteerejä, avaa "kolmannen silmäsi", vapauttaa voiman selkärangassa – ja sitten **orjuuttaa sinut tuskaan**.

Se on **Kundalini**.

Käärmeenhenki. Uuden ajan väärä "pyhä henki".

Kun tämä voima on aktivoitu – joogan, meditaation, psykedeelisten aineiden, trauman tai okkulttisten rituaalien kautta – se kietoutuu selkärangan tyveen ja nousee kuin tuli chakrojen läpi. Monet uskovat sen olevan hengellistä heräämistä. Todellisuudessa se on **demonista riivausta**, joka on naamioitu jumalalliseksi energiaksi.

Mutta mitä tapahtuu, kun se **ei katoa**?

Tosi tarina – "En voi sammuttaa sitä"

Marissa, nuori kristitty nainen Kanadassa, oli harrastanut "kristillistä joogaa" ennen kuin antoi elämänsä Kristukselle. Hän rakasti rauhallisia tunteita, värähtelyjä ja valonäkyjä. Mutta yhden intensiivisen harjoituksen jälkeen, jossa hän tunsi selkärankansa "syttyvän", hän menetti tajuntansa – ja heräsi kykenemättä hengittämään. Sinä yönä jokin alkoi **vaivata hänen untaan**, vääntää hänen kehoaan ja ilmestyä unissaan "Jeesuksena" – mutta pilkaten häntä.

Hän koki **vapautuksen** viisi kertaa. Henget lähtivät – mutta palasivat. Hänen selkärankansa värähteli edelleen. Hänen silmänsä näkivät jatkuvasti henkimaailmaan. Hänen kehonsa liikkui tahattomasti. Pelastuksesta huolimatta hän kulki nyt läpi helvetin, jonka harvat kristityt ymmärsivät. Hänen henkensä oli pelastettu – mutta hänen sielunsa oli **rikottu, se oli haljennut auki ja pirstaloitunut**.

Jälkiseuraukset, joista kukaan ei puhu

- **Kolmas silmä pysyy auki** : Jatkuvia näkyjä, hallusinaatioita, hengellistä kohinaa, "enkelien" valehtelua.
- **Keho ei lakkaa värähtelemästä** : Hallitsematonta energiaa, painetta kallon sisällä, sydämentykytyksiä.
- **Armotonta tuskaa** : Jopa yli 10 vapautussessioiden jälkeen.
- **Eristäytyminen** : Pastorit eivät ymmärrä. Kirkot jättävät ongelman huomiotta. Henkilö leimataan "epävakaaksi".
- **Helvetin pelko** : Ei synnin, vaan loputtoman tuskan takia.

Voivatko kristityt saavuttaa pisteen, josta ei ole paluuta?

Kyllä – tässä elämässä. Voit **pelastua** , mutta niin pirstoutuneena, että **sielusi kärsii kuolemaan asti** .

Tämä ei ole pelottelua. Tämä on **profeetallinen varoitus** .

Globaaleja esimerkkejä

- **Afrikka** – Väärät profeetat päästävät kundaliinitulta jumalanpalvelusten aikana – ihmiset kouristelevat, vaahtoavat, nauravat tai karjuvat.
- **Aasia** – Joogamestarit nousevat "siddhiin" (demoniseen riivaukseen) ja kutsuvat sitä jumaltietoisuudeksi .
- **Eurooppa/Pohjois-Amerikka** – Uuskarismaattiset liikkeet, jotka kanavoivat "kirkkauden valtakuntia", haukkuen, nauraen, kaatuillen hallitsemattomasti – eivät Jumalasta.
- **Latinalainen Amerikka** – Shamanistiset heräytykset, joissa käytetään ayahuascaa (kasvilääkkeitä) avatakseen hengellisiä ovia, joita he eivät voi sulkea.

TOIMINTASUUNNITELMA – jos olet mennyt liian pitkälle

1. **Tunnustan tarkan portaalin** : Kundalini-jooga, kolmannen silmän meditaatiot, New Age -kirkot, psykedeelit jne.
2. **Lopeta kaikki vapautuksen jahtaaminen** : Jotkut henget piinaavat pidempään, kun annat niille jatkuvasti pelon voimaannuttamista.
3. **Ankkuroi itsesi Raamattuun PÄIVITTÄIN** – erityisesti Psalmiin 119, Jesajaan 61 ja Johanneksen evankeliumiin 1. Nämä uudistavat sielun.
4. **Liity yhteisöön** : Etsi ainakin yksi Pyhällä Hengellä täytetty uskova, jonka kanssa voit vaeltaa. Eristäytyminen antaa demoneille voimaa.
5. **Luovu kaikesta hengellisestä "näöstä", tulesta, tiedosta, energiasta** – vaikka se tuntuisikin pyhältä.
6. **Pyydä Jumalalta armoa** – ei kerran. Päivittäin. Joka tunti. Jatka sinnikkäästi. Jumala ei ehkä poista sitä hetkessä, mutta Hän kantaa sinut.

RYHMÄHAKEMUS

- Pidä hetki aikaa hiljaiseen pohdintaan. Kysy: Olenko pyrkinyt hengelliseen voimaan hengellisen puhtauden sijaan?
- Rukoile niiden puolesta, jotka kokevat hellittämätöntä tuskaa. ÄLÄ lupaa välitöntä vapautta – lupaa **opetuslapseutta** .
- **Hengen hedelmän** (Gal. 5:22–23) ja **sielullisten ilmentymien (vapina, kuumuus, näyt)** välinen ero .
- Polta tai tuhoa jokainen uuden ajan esine: chakrasymbolit, kristallit, joogamatot, kirjat, öljyt, "Jeesus-kortit".

Keskeinen näkemys

On olemassa **raja** , joka voidaan ylittää – se, että sielusta tulee avoin portti eikä se suostu sulkeutumaan. Henkesi voi pelastua... mutta sielusi ja ruumiisi voivat silti elää tuskissa, jos okkulttinen valo on saastuttanut sinut.

Pohdintapäiväkirja

- Olenko koskaan tavoitellut valtaa, tulta tai profeetallista näkökykyä enemmän kuin pyhyyttä ja totuutta?
- Olenko avannut ovia "kristillistettyjen" uuden ajan käytäntöjen kautta?
- Olenko halukas **vaeltamaan päivittäin** Jumalan kanssa, vaikka täydelliseen vapautumiseen kuluisi vuosia?

Selviytymisen rukous

Isä, minä huudan armoa. **Sanoudun irti jokaisesta käärmeenhengestä, kundaliinivoimasta, kolmannen silmän avautumisesta, väärästä tulesta tai uuden ajan väärennöksestä, johon olen koskaan koskenut. Luovutan sieluni – särkyneenä kuin se onkin – takaisin Sinulle. Jeesus, pelasta minut, ei vain synnistä, vaan myös tuskasta. Sulje porttini. Paranna mieleni. Sulje silmäni. Murskaa käärme selkärangassani. Odotan Sinua, jopa tuskassa. Enkä luovuta. Jeesuksen nimessä. Aamen.**

PÄIVÄ 33: SISÄLLINEN KÄÄRMEENHENKI – KUN VAPAUTUS TULEE LIIAN MYÖHÄISEEN

"*Heillä on silmät täynnä aviorikoksen tekemistä... he viekoittelevat horjuvia sieluja... he ovat seuranneet Bileamin tietä... jolle on varattu pimeys ja synkeys ikuisesti.*" – 2. Piet. 2:14–17

"*Älkää eksykö. Jumalaa ei voi pilkata. Mitä ihminen kylvää, sitä hän niittää.*" – Gal. 6:7

On olemassa demoninen väärennös, joka esitellään valaistumisena. Se parantaa, antaa energiaa ja voimaa – mutta vain hetken aikaa. Se kuiskaa jumalallisia mysteerejä, avaa "kolmannen silmäsi", vapauttaa voiman selkärangassa – ja sitten **orjuuttaa sinut tuskaan**.

Se on **Kundalini**.

Käärmeenhenki. Uuden ajan väärä "pyhä henki".

Kun tämä voima on aktivoitu – joogan, meditaation, psykedeelisten aineiden, trauman tai okkulttisten rituaalien kautta – se kietoutuu selkärangan tyveen ja nousee kuin tuli chakrojen läpi. Monet uskovat sen olevan hengellistä heräämistä. Todellisuudessa se on **demonista riivausta**, joka on naamioitu jumalalliseksi energiaksi.

Mutta mitä tapahtuu, kun se **ei katoa**?

Tosi tarina – "En voi sammuttaa sitä"

Marissa, nuori kristitty nainen Kanadassa, oli harrastanut "kristillistä joogaa" ennen kuin antoi elämänsä Kristukselle. Hän rakasti rauhallisia tunteita, värähtelyjä ja valonäkyjä. Mutta yhden intensiivisen harjoituksen jälkeen, jossa hän tunsi selkärankansa "syttyvän", hän menetti tajuntansa – ja heräsi kykenemättä hengittämään. Sinä yönä jokin alkoi **vaivata hänen untaan**, vääntää hänen kehoaan ja ilmestyä unissaan "Jeesuksena" – mutta pilkaten häntä.

Hän koki **vapautuksen** viisi kertaa. Henget lähtivät – mutta palasivat. Hänen selkärankansa värähteli edelleen. Hänen silmänsä näkivät jatkuvasti henkimaailmaan. Hänen kehonsa liikkui tahattomasti. Pelastuksesta huolimatta hän kulki nyt läpi helvetin, jonka harvat kristityt ymmärsivät. Hänen henkensä oli pelastettu – mutta hänen sielunsa oli **rikottu, se oli haljennut auki ja pirstaloitunut**.

Jälkiseuraukset, joista kukaan ei puhu

- **Kolmas silmä pysyy auki** : Jatkuvia näkyjä, hallusinaatioita, hengellistä kohinaa, "enkelien" valehtelua.
- **Keho ei lakkaa värähtelemästä** : Hallitsematonta energiaa, painetta kallon sisällä, sydämentykytyksiä.
- **Armotonta tuskaa** : Jopa yli 10 vapautussessioiden jälkeen.
- **Eristäytyminen** : Pastorit eivät ymmärrä. Kirkot jättävät ongelman huomiotta. Henkilö leimataan "epävakaaksi".
- **Helvetin pelko** : Ei synnin, vaan loputtoman tuskan takia.

Voivatko kristityt saavuttaa pisteen, josta ei ole paluuta?

Kyllä – tässä elämässä. Voit **pelastua** , mutta niin pirstoutuneena, että **sielusi kärsii kuolemaan asti** .

Tämä ei ole pelottelua. Tämä on **profeetallinen varoitus** .

Globaaleja esimerkkejä

- **Afrikka** – Väärät profeetat päästävät kundaliinitulta jumalanpalvelusten aikana – ihmiset kouristelevat, vaahtoavat, nauravat tai karjuvat.
- **Aasia** – Joogamestarit nousevat "siddhiin" (demoniseen riivaukseen) ja kutsuvat sitä jumaltietoisuudeksi.
- **Eurooppa/Pohjois-Amerikka** – Uuskarismaattiset liikkeet, jotka kanavoivat "kirkkauden valtakuntia", haukkuen, nauraen, kaatuillen hallitsemattomasti – eivät Jumalasta.
- **Latinalainen Amerikka** – Shamanistiset herätykset, joissa käytetään ayahuascaa (kasvilääkkeitä) avatakseen hengellisiä ovia, joita he eivät voi sulkea.

Toimintasuunnitelma – jos olet mennyt liian pitkälle

1. **Tunnustan tarkan portaalin** : Kundalini-jooga, kolmannen silmän meditaatiot, New Age -kirkot, psykedeelit jne.
2. **Lopeta kaikki vapautuksen jahtaaminen** : Jotkut henget piinaavat pidempään, kun annat niille jatkuvasti pelon voimaannuttamista.
3. **Ankkuroi itsesi Raamattuun PÄIVITTÄIN** – erityisesti Psalmiin 119, Jesajaan 61 ja Johanneksen evankeliumiin 1. Nämä uudistavat sielun.
4. **Liity yhteisöön** : Etsi ainakin yksi Pyhällä Hengellä täytetty uskova, jonka kanssa voit vaeltaa. Eristäytyminen antaa demoneille voimaa.
5. **Luovu kaikesta hengellisestä "näöstä", tulesta, tiedosta, energiasta** – vaikka se tuntuisikin pyhältä.
6. **Pyydä Jumalalta armoa** – ei kerran. Päivittäin. Joka tunti. Jatka sinnikkäästi. Jumala ei ehkä poista sitä hetkessä, mutta Hän kantaa sinut.

Ryhmähakemus

- Pidä hetki aikaa hiljaiseen pohdintaan. Kysy: Olenko pyrkinyt hengelliseen voimaan hengellisen puhtauden sijaan?
- Rukoile niiden puolesta, jotka kokevat hellittämätöntä tuskaa. ÄLÄ lupaa välitöntä vapautta – lupaa **opetuslapseutta** .
- **Hengen hedelmän** (Gal. 5:22–23) ja **sielullisten ilmentymien (vapina, kuumuus, näyt)** välinen ero .
- Polta tai tuhoa jokainen uuden ajan esine: chakrasymbolit, kristallit, joogamatot, kirjat, öljyt, "Jeesus-kortit".

Keskeinen näkemys

On olemassa **raja**, joka voidaan ylittää – se, että sielusta tulee avoin portti eikä se suostu sulkeutumaan. Henkesi voi pelastua... mutta sielusi ja ruumiisi voivat silti elää tuskissa, jos okkulttinen valo on saastuttanut sinut.

Pohdintapäiväkirja

- Olenko koskaan tavoitellut valtaa, tulta tai profeetallista näkökykyä enemmän kuin pyhyyttä ja totuutta?
- Olenko avannut ovia "kristillistettyjen" uuden ajan käytäntöjen kautta?
- Olenko halukas **vaeltamaan päivittäin** Jumalan kanssa, vaikka täydelliseen vapautumiseen kuluisi vuosia?

Selviytymisen rukous

Isä, minä huudan armoa. Sanoudun irti jokaisesta käärmeenhengestä, kundaliinivoimasta, kolmannen silmän avautumisesta, väärästä tulesta tai uuden ajan väärennöksestä, johon olen koskaan koskenut. Luovutan sieluni – särkyneenä kuin se onkin – takaisin Sinulle. Jeesus, pelasta minut, ei vain synnistä, vaan myös tuskasta. **Sulje porttini. Paranna mieleni. Sulje silmäni. Murskaa käärme selkärangassani. Odotan Sinua, jopa tuskassa. Enkä luovuta. Jeesuksen nimessä. Aamen.**

PÄIVÄ 34: MUURAREITA, KOODIA JA KIROUKSIA — Kun veljeydestä tulee orjuutta

"*Älkää olko osallisina pimeyden hedelmättömiin tekoihin, vaan pikemminkin paljastakaa ne.*" - Efesolaiskirje 5:11
"*Älkää tehkö liittoa heidän älkääkä heidän jumaliensa kanssa.*" - 2. Moos. 23:32

Salaseurat lupaavat menestystä, yhteyksiä ja muinaista viisautta. Ne tarjoavat **valoja, tutkintoja ja salaisuuksia,** jotka on periytynyt "hyville ihmisille". Mutta useimmat eivät ymmärrä, että nämä seurat ovat **liiton alttareita**, jotka usein rakennetaan veren, petoksen ja demonisen uskollisuuden varaan.

Vapaamuurareista Kabbalaan, ruusuristiläisistä Skull & Bones -järjestöön – nämä organisaatiot eivät ole vain kerhoja. Ne ovat **hengellisiä sopimuksia**, jotka on taottu pimeydessä ja sinetöity **sukupolvia kiroavilla rituaaleilla**.

Jotkut liittyivät vapaaehtoisesti. Toisilla oli esi-isiä, jotka liittyivät.

Joka tapauksessa kirous pysyy – kunnes se murretaan.

Piilotettu perintö — Jasonin tarina

Jasonilla, menestyneellä pankkiiri Yhdysvalloissa, oli kaikki kohdallaan – kaunis perhe, vaurautta ja vaikutusvaltaa. Mutta öisin hän heräsi tukehtumaan, näki huppupäisiä hahmoja ja kuuli unissaan loitsuja. Hänen isoisänsä oli ollut 33. asteen vapaamuurari, ja Jason käytti edelleen sormusta.

Kerran hän leikillään lausui vapaamuurarien valat klubitilaisuudessa – mutta sillä hetkellä, kun hän teki niin, **jokin meni hänen mieleensä**. Hänen mielensä alkoi hajota. Hän kuuli ääniä. Hänen vaimonsa jätti hänet. Hän yritti lopettaa kaiken.

Retriitissä joku havaitsi vapaamuurarien välisen yhteyden. Jason itki irtisanoutuessaan **jokaisesta valasta**, rikkoessaan sormuksensa ja kokiessaan vapautuksen kolme tuntia. Sinä yönä, ensimmäistä kertaa vuosiin, hän nukkui rauhassa.

Hänen todistuksensa?

"Salaisilla alttareilla ei vitsaileta. Ne puhuvat – kunnes ne hiljennetään Jeesuksen nimessä."

VELJESKUNNAN GLOBAALI verkko

- **Eurooppa** – Vapaamuurarius on syvästi juurtunut liike-elämään, politiikkaan ja kirkkokuntiin.
- **Afrikka** – Illuminati ja salaiset ritarikunnat, jotka tarjoavat vaurautta sielujen vastineeksi; kultit yliopistoissa.
- **Latinalainen Amerikka** – jesuiittojen soluttautuminen ja vapaamuurarien rituaalit sekoitettuna katoliseen mystiikkaan.
- **Aasia** – Muinaiset mysteerikoulut, sukupolvien valaan sidotut temppelipappeudet.
- **Pohjois-Amerikka** – Eastern Star, Scottish Rite, veljeskunnat kuten Skull & Bones, Bohemian Grove Elites.

Nämä kultit vetoavat usein "Jumalaan", mutta eivät **Raamatun Jumalaan** – he viittaavat **Suureen Arkkitehtiin**, persoonattomaan voimaan, joka on sidoksissa **luciferilaiseen valoon**.

Merkkejä siitä, että olet kärsinyt

- Krooninen sairaus, jota lääkärit eivät osaa selittää.
- Pelko etenemisestä tai pelko irtautumisesta perhejärjestelmistä.
- Unet viitoista, rituaaleista, salaisista ovista, majataloista tai oudoista seremonioista.
- Masennus tai hulluus mieslinjassa.
- Naiset, jotka kamppailevat hedelmättömyyden, väkivallan tai pelon kanssa.

Toimitussuunnitelma

1. **Irtisanoudu kaikista tunnetuista valaista** – varsinkin jos sinä tai perheesi olitte osa vapaamuurareita, ruusuristiläisiä, Eastern Staria, Kabbalaa tai mitä tahansa "veljeskuntaa".
2. **Rikkoa jokainen aste** – oppisopimusopiskelijasta 33. asteeseen, nimeltä.
3. **Tuhoa kaikki symbolit** – sormukset, esiliinat, kirjat, riipukset, todistukset jne.
4. **Sulje portti** – hengellisesti ja laillisesti rukouksen ja julistuksen kautta.

Käytä näitä pyhien kirjoitusten kohtia:

- Jesaja 28:18 – "Teidän liittonne kuoleman kanssa mitätöidään."
- Gal. 3:13 — "Kristus lunasti meidät lain kirouksesta."
- Hesekiel 13:20–23 — "Minä repäisen teidän huntunne ja vapautan kansani."

Ryhmähakemus

- Kysy, oliko kenelläkään jäsenellä vanhempia tai isovanhempia salaseuroissa.
- Johda **ohjattua luopumista** kaikkien vapaamuurariuden asteiden läpi (voit luoda tästä painetun käsikirjoituksen).
- Käytä symbolisia tekoja – polta vanha sormus tai piirrä risti otsaan mitätöidäksesi rituaaleissa avautuneen "kolmannen silmän".
- Rukoile mielen, niskan ja selän puolesta – nämä ovat yleisiä orjuuden paikkoja.

Keskeinen näkemys
Veljeskunta ilman Kristuksen verta on orjuuden veljeskunta.
Sinun on valittava: liitto ihmisen kanssa vai liitto Jumalan kanssa.
Pohdintapäiväkirja

- Onko kukaan perheessäni ollut mukana vapaamuurariudessa, mystiikassa tai salaisissa valaissa?

- Olenko tietämättäni lausunut tai matkinut salaseuroihin liittyviä valajaisia, uskontunnustuksia tai symboleja?
- Olenko halukas rikkomaan suvun perinteitä vaeltaakseni täysin Jumalan liitossa?

Luopumisen rukous

Isä, Jeesuksen nimessä sanoudun irti jokaisesta liitosta, valasta tai rituaalista, joka liittyy vapaamuurareihin, kabbalaan tai mihin tahansa salaseuraan – elämässäni tai suvussani. Rikon jokaisen asteen, jokaisen valheen, jokaisen demonisen oikeuden, joka on myönnetty seremonioiden tai symbolien kautta. Julistan, että Jeesus Kristus on ainoa valoni, ainoa arkkitehtini ja ainoa Herrani. Saan nyt vapauden, Jeesuksen nimessä. Aamen.

PÄIVÄ 35: NOIDAT PENSSISSÄ — KUN PAHA TULEHTUU KIRKON OVISTA

"*Sillä sellaiset ihmiset ovat vääriä apostoleja, petollisia työntekijöitä, jotka tekeytyvät Kristuksen apostoleiksi. Eikä ihme, sillä Saatanakin tekeytyy valon enkeliksi.*" – 2. Korinttilaisille 11:13–14

"*Minä tiedän sinun tekosi, rakkautesi ja uskosi... Mutta se minulla on sinua vastaan, että sinä suvaitset tuota naista, Iisebeliä, joka sanoo itseään profeetaksi...*" – Ilmestyskirja 2:19–20

Vaarallisin noita ei ole se, joka lentää yöllä,

vaan se, joka **istuu vieressäsi kirkossa**.

He eivät käytä mustia kaapuja eivätkä ratsasta luudalla.

He johtavat rukouskokouksia. Laulavat ylistysryhmissä. Profetoivat kielillä. Toimivat seurakuntien pastoreina. Ja silti... he ovat **pimeyden kantajia**.

Jotkut tietävät tarkalleen, mitä he tekevät – heidät lähetetään hengellisiksi salamurhaajiksi. Toiset ovat esi-isien noituuden tai kapinan uhreja ja toimivat **saastaisilla** lahjoilla.

Kirkko peitteenä – "Miriamin" tarina

Miriam oli suosittu vapautuspastorina toimiva henkilö suuressa länsiafrikkalaisessa kirkossa. Hänen äänensä käski demoneja pakenemaan. Ihmiset matkustivat eri kansojen halki saadakseen häneltä voideltua.

Mutta Mirjamilla oli salaisuus: öisin hän matkusti ulos ruumiistaan. Hän näki seurakunnan jäsenten kodit, heidän heikkoutensa ja heidän sukulinjansa. Hän luuli sen olevan "profeetallinen".

Hänen voimansa kasvoi. Mutta niin kasvoi myös hänen tuskansa.

Hän alkoi kuulla ääniä. Ei saanut unta. Hänen lapsiaan hyökättiin. Hänen miehensä jätti hänet.

Lopulta hän tunnusti: hänet oli lapsena "aktivoinut" hänen isoäitinsä, voimakas noita, joka sai hänet nukkumaan kirottujen peittojen alla.

"Luulin olevani täynnä Pyhää Henkeä. Se oli henki... mutta ei pyhä."
Hän koki vapautuksen. Mutta sodankäynti ei ole koskaan loppunut. Hän sanoo:
"Jos en olisi tunnustanut, olisin kuollut alttarilla tulessa... kirkossa."

Kirkon piilotetun noituuden maailmanlaajuiset tilanteet

- **Afrikka** – Hengellinen kateus. Profeetat käyttävät ennustamista, rituaaleja ja vesihenkiä. Monet alttarit ovat itse asiassa portaaleja.
- **Eurooppa** – Meediot, jotka tekeytyvät "hengellisiksi valmentajiksi". Noituutta käärittynä uuden ajan kristinuskoon.
- **Aasia** – Temppelipapittaret menevät kirkkoihin istuttamaan kirouksia ja tekemään astraalimonitorikäännynnäisiä.
- **Latinalainen Amerikka** – Santería – harjoittavia "pastorien" ryhmiä, jotka saarnaavat vapautusta, mutta uhraavat kanoja yöllä.
- **Pohjois-Amerikka** – kristityt noidat, jotka väittävät olevansa "Jeesuksen ja tarotin" uhreja, energiaparantajia kirkkojen lavoilla ja pastorit, jotka osallistuvat vapaamuuraririruaaleihin.

Kirkossa toimivan noituuden merkkejä

- Raskas tunnelma tai hämmennys jumalanpalveluksen aikana.
- Unet käärmeistä, seksistä tai eläimistä jumalanpalvelusten jälkeen.
- Johtajuus lankeaa äkilliseen syntiin tai skandaaliin.
- "Profetiat", jotka manipuloivat, viettelevät tai häpeävät.
- Jokainen, joka sanoo: "Jumala kertoi minulle, että olet aviomieheni/vaimoni."
- Saarnastuolin tai alttarien läheltä löydettiin outoja esineitä.

TOIMITUSSUUNNITELMA

1. **Rukoile erottamista** – Pyydä Pyhää Henkeä paljastamaan, onko yhteisössäsi piilossa olevia noitia.
2. **Koetelkaa jokainen henki** – vaikka ne kuulostaisivatkin hengellisiltä

(1. Joh. 4:1).
3. **Katkaise sielulliset siteet** — Jos sinusta on rukoiltu, sinulle on ennustettu tai joku epäpuhdas on koskettanut sinua, **sanoudu siitä irti**.
4. **Rukoile seurakuntasi puolesta** – Julista Jumalan tuli paljastamaan jokaisen kätketyn alttarin, salaisen synnin ja hengellisen iilimato.
5. **Jos olet uhri** – Hae apua. Älä jää hiljaa tai yksin.

Ryhmähakemus

- Kysy ryhmän jäseniltä: Oletteko koskaan tunteneet oloanne epämukavaksi tai hengellisesti loukatuksi kirkon jumalanpalveluksessa?
- Johda **yhteinen puhdistusrukous** seurakunnalle.
- Voitele jokainen ihminen ja julista **hengellinen palomuuri** mielien, alttarien ja lahjojen ympärille.
- Opeta johtajille, miten **lahjoja seulotaan** ja **henkiä testataan** ennen kuin ihmiset päästetään näkyviin rooleihin.

Keskeinen näkemys
Eivät kaikki, jotka sanovat "Herra, Herra", ole Herrasta.
Kirkko on hengellisen saastumisen **ensisijainen taistelukenttä** – mutta myös parantumisen paikka, kun totuutta vaalitaan.

Pohdintapäiväkirja

- Olenko saanut rukouksia, apua tai ohjausta joltakulta, jonka elämä on kantanut epäpyhää hedelmää?
- Onko ollut hetkiä, jolloin olen tuntenut oloni "oudoksi" kirkon jälkeen, mutta olen jättänyt sen huomiotta?
- Olenko valmis kohtaamaan noituuden, vaikka se käyttäisi pukua tai laulaisi lavalla?

Paljastumisen ja vapauden rukous
Herra Jeesus, kiitän Sinua siitä, että olet todellinen Valo. Pyydän Sinua nyt paljastamaan jokaisen pimeyden kätketyn agentin, joka toimii

elämässäni ja yhteydessäni tai sen ympärillä. Sanoudun irti kaikesta epäpyhästä jakamisesta, väärästä profetiasta tai sielunsiteestä, jonka olen saanut hengellisiltä huijareilta. Puhdista minut verelläsi. Puhdista lahjani. Vartioi porttejani. Polta pois jokainen väärä henki pyhällä tulellasi. Jeesuksen nimessä. Aamen.

PÄIVÄ 36: KOODATUT LOITSUT — KUN LAULUISTA, MUODISTA JA ELOKUVISTA MUUTUU PORTAALEJA

"*Älkää olko osallisia pimeyden hedelmättömiin tekoihin, vaan päinvastoin paljastakaa ne.*" – Efesolaiskirje 5:11.

"*Älkää ottako osaa jumalattomiin taruihin ja vanhojen naisten tarinoihin, vaan kasvattakaa itseänne jumaliseksi.*" – 1. Timoteuskirje 4:7.

Kaikki taistelut eivät ala veriuhrilla.

Jotkut alkavat rytmillä . Melodialla

. Tarttuvalla sanoituksella, joka jää sieluusi . Tai vaatteissasi olevalla **symbolilla , jota pidit "hienoina".** Tai "vaatteettomalla" showlla, jonka aikana hurmit demonien hymyillessä varjoissa.

Nykymaailmassa noituus on **koodattu** – piilossa **median** , musiikin, elokuvien ja muodin kautta.

Tummennettu ääni – tositarina: "Kuulokkeet"

Yhdysvalloista kotoisin oleva 17-vuotias Elijah alkoi saada paniikkikohtauksia, unettomia öitä ja demonisia unia. Hänen kristityt vanhempansa luulivat sen johtuvan stressistä.

Mutta vapautustilaisuuden aikana Pyhä Henki neuvoi tiimiä kysymään hänen **musiikistaan** .

Hän tunnusti: "Kuuntelen trap-metallia. Tiedän, että se on synkkää… mutta se auttaa minua tuntemaan oloni voimakkaaksi."

Kun joukkue soitti yhtä hänen suosikkikappaleistaan rukouksessa, tapahtui **jotain** .

Biittien ääniin oli koodattu okkulttisten rituaalien **lauluraitoja** . Taaksepäin naamioitu ääni paljasti lauseita, kuten "alista sielusi" ja "Lucifer puhuu".

Kun Elia poisti musiikin, katui ja irtisanoutui yhteydestä, rauha palasi.

Sota oli tullut hänen **korvaporttiensa kautta sisään**.

Globaalit ohjelmointimallit

- **Afrikka** – rahaan liittyviin rituaaleihin liittyviä afrobeat-kappaleita; sanoituksiin piilotettuja viittauksia "jujuun"; merivaltakunnan symboleihin perustuvia muotibrändejä.
- **Aasia** – K-pop, jossa on alitajuisia seksuaalisia ja henkiolentoa kanavoimaisia viestejä; shintodemonien perinteillä kyllästettyjä animehahmoja.
- **Latinalainen Amerikka** – Reggaeton, jossa on Santería -lauluja ja taaksepäin koodattuja loitsuja.
- **Eurooppa** – Muotitalot (Gucci, Balenciaga) upottavat saatanallisia kuvia ja rituaaleja muotiviljelijäkulttuuriin.
- **Pohjois-Amerikka** – noituudella koodattu Hollywood-elokuvat (Marvel, kauhuelokuvat, "valo vs. pimeys" -elokuvat); piirretyt, joissa loitsuja käytetään hauskanpitoon.

Common Entry Portals (and Their Spirit Assignments)

Media Type	Portal	Demonic Assignment
Music	Beats/samples from rituals	Torment, violence, rebellion
TV Series	Magic, lust, murder glorification	Desensitization, soul dulling
Fashion	Symbols (serpent, eye, goat, triangles)	Identity confusion, spiritual binding
Video Games	Sorcery, blood rites, avatars	Astral transfer, addiction, occult alignment
Social Media	Trends on "manifestation," crystals, spells	Sorcery normalization

TOIMINTASUUNNITELMA – Erottelu, Vieroitus, Puolustautuminen

1. **Tarkista soittolistasi, vaatekaappisi ja katseluhistoriasi**. Etsi okkultismia, himoa, kapinaa tai väkivaltaa sisältävää sisältöä.
2. **Pyydä Pyhää Henkeä paljastamaan** kaikki epäpyhät vaikutukset.
3. **Poista ja tuhoa**. Älä myy tai lahjoita. Polta tai heitä roskiin mitään demonista – fyysistä tai digitaalista.
4. **Voitele välineesi**, huoneesi ja korvasi. Julista ne pyhiksi Jumalan kunniaksi.
5. **Korvaa totuudella**: Ylistysmusiikkia, jumalallisia elokuvia, kirjoja ja raamatunlukuja, jotka uudistavat mieltäsi.

Ryhmähakemus

- Johdata jäseniä "mediainventaariossa". Anna jokaisen kirjoittaa muistiin esityksiä, lauluja tai esineitä, joita he epäilevät portaaleiksi.
- Rukoile puhelimien ja kuulokkeiden ääressä. Voitele heidät.
- Pidä ryhmässä "vieroituspaasto" – 3–7 päivää ilman maallista mediaa. Ravitse itseäsi vain Jumalan sanalla, jumalanpalveluksella ja yhteydellä.
- Todista tulokset seuraavassa kokouksessa.

Keskeinen näkemys
Demonit eivät enää tarvitse pyhäkköä päästäkseen taloosi. Ne tarvitsevat vain suostumuksesi painaakseen toistoa.

Pohdintapäiväkirja

- Mitä olen nähnyt, kuullut tai pitänyt ylläni, mikä saattaisi avata oven sorrolle?
- Olenko valmis luopumaan siitä, mikä minua viihdyttää, jos se myös orjuuttaa minua?
- Olenko normalisoinut kapinan, himon, väkivallan tai pilkan "taiteen" nimissä?

PUHDISTUKSEN RUKOUS

Herra Jeesus, tulen eteesi pyytäen täydellistä hengellistä puhdistumista. Paljasta jokainen koodattu loitsu, jonka olen päästänyt elämääni musiikin, muodin, pelien tai median kautta. Kadun sitä, että olen katsellut, käyttänyt ja kuunnellut sellaista, mikä häpäisee Sinua. Tänään katkaisen sieluni siteet. Heitän ulos jokaisen kapinan, noituuden, himon, hämmennyksen ja piinauksen hengen. Puhdista silmäni, korvani ja sydämeni. Omistan nyt ruumiini, mediani ja valintani yksin Sinulle. Jeesuksen nimessä. Aamen.

PÄIVÄ 37: VOIMAN NÄKYMÄTTÖMÄT ALTARIT — VAPAAMUURARIT, KABBALA JA OKKULTTISET ELIITIT

"*Taas Paholainen vei hänet hyvin korkealle vuorelle ja näytti hänelle kaikki maailman valtakunnat ja niiden loiston. Hän sanoi: 'Kaiken tämän minä annan sinulle, jos sinä kumarrat minua ja kumarrat.'*" – Matteus 4:8–9

"*Ette voi juoda Herran maljaa ja riivaajain maljaa, ettekä voi olla osallisina sekä Herran pöydässä että riivaajain pöydässä.*" – 1. Korinttilaisille 10:21

Alttareita ei ole piilotettu luoliin, vaan kokoushuoneisiin.

Henkiä ei vain viidakoissa – vaan myös hallintorakennuksissa, finanssitorneissa, Ivy League -kirjastoissa ja "kirkoiksi" naamioiduissa pyhäköissä.

eliitin okkultismin valtakuntaan :

vapaamuurarit, ruusuristiläiset , kabbalistit , jesuiittaveljeskunnat, itäiset tähdet ja piilotetut luciferilaiset papistot, jotka **verhoavat omistautumisensa Saatanalle rituaaleihin, salailuun ja symboleihin** . Heidän jumalansa ovat järki, valta ja muinainen tieto – mutta heidän **sielunsa on vannottu pimeydelle** .

Piilotettu näkyville

- **Vapaamuurarius** verhoaa itsensä rakentajien veljeskunnaksi – mutta sen korkeammat asteet loihtivat esiin demonisia olentoja, vannovat kuolemanvaloja ja ylistävät Luciferia "valonkantajana".
- **Kabbala** lupaa mystisen pääsyn Jumalan luo – mutta se hienovaraisesti korvaa Jahven kosmisilla energiakartoilla ja numerologialla.
- **Jesuiittojen mystiikka** turmeltuneissa muodoissaan sekoittaa usein

katolisen kuvaston hengelliseen manipulointiin ja maailmanjärjestelmien hallintaan.

- **Hollywood, muoti, rahoitus ja politiikka** kantavat kaikki koodattuja viestejä, symboleja ja **julkisia rituaaleja, jotka ovat todellisuudessa Luciferin palvontamenoja**.

Sinun ei tarvitse olla julkkis joutuaksesi alttiiksi näille tekijöille. Nämä järjestelmät **saastuttavat kansakuntia** seuraavilla tavoilla:

- Median ohjelmointi
- Koulutusjärjestelmät
- Uskonnollinen kompromissi
- Taloudellinen riippuvuus
- Rituaalit naamioituna "initiaatioiksi", "lupauksiksi" tai "brändisopimuksiksi"

Tositarina – "Lodge pilasi sukuni"
Solomon (nimi muutettu), menestyvä brittiläinen liikemies, liittyi vapaamuuriloosiin verkostoitumisen vuoksi. Hän nousi nopeasti asemaansa, vaurastui ja sai arvovaltaa. Mutta hän alkoi myös nähdä kauhistuttavia painajaisia – viittoihin pukeutuneet miehet kutsuivat häntä, verikvaloja vannoi, pimeät eläimet jahtasivat häntä. Hänen tyttärensä alkoi viillellä itseään väittäen, että "läsnäolo" sai hänet tekemään niin.

Eräänä yönä hän näki huoneessaan miehen – puoliksi ihmisen, puoliksi sakaalin – joka sanoi hänelle: *"Olet minun. Hinta on maksettu."* Hän otti yhteyttä vapautusjärjestöön. Kesti **seitsemän kuukautta luopumista, paastoa, oksennusrituaaleja ja kaikkien okkulttisten siteiden korvaamista** – ennen kuin rauha saapui.

Myöhemmin hän sai tietää: **Hänen isoisänsä oli 33. asteen muurari. Hän oli vain jatkanut perintöä tietämättään.**
Maailmanlaajuinen ulottuvuus

- **Afrikka** – Heimohallitsijoiden, tuomareiden ja pastorien salaseurat – jotka vannovat uskollisuutta verivaloilla vastineeksi vallasta.
- **Eurooppa** – Maltan ritarit, illuministiset loosit ja esoteeriset

eliittiyliopistot.
- **Pohjois-Amerikka** – Vapaamuurarien säätiöt useimpien perustamisasiakirjojen, hovirakenteiden ja jopa kirkkojen alla.
- **Aasia** – Piilotetut lohikäärmekultit, esi-isien veljeskunnat ja buddhalaisuuden ja shamanismin hybrideihin juurtuneet poliittiset ryhmät.
- **Latinalainen Amerikka** – Synkreettiset kultit sekoittavat katolisia pyhimyksiä luciferilaisiin henkiin, kuten Santa Muerteen tai Baphomet'iin.

Toimintasuunnitelma — Pako eliittialttareista

1. **Luovu** kaikesta osallistumisesta vapaamuurariuteen, Eastern Stariin, jesuiittojen valaan, gnostilaisiin kirjoihin tai mystisiin järjestelmiin – jopa niiden "akateemisesta" tutkimuksesta.
2. **Tuhoa** aateliset, sormukset, rintaneulat, kirjat, esiliinat, valokuvat ja symbolit.
3. **Rikkokaa sanalliset kiroukset** – erityisesti kuolemanvalat ja initiaatiolupaukset. Käytä Jesajan jaetta 28:18 ("Teidän liittonne kuoleman kanssa mitätöidään...").
4. **Paastota kolme päivää** samalla kun luet Hesekielin kirjan lukua 8, Jesajan kirjan lukua 47 ja Ilmestyskirjan lukua 17.
5. **Korvaa alttari** : Omistaudu uudelleen yksin Kristuksen alttarille (Room. 12:1–2). Ehtoollinen. Jumalanpalvelus. Voitelu.

Et voi olla taivaan hovissa ja Luciferin hovissa samaan aikaan. Valitse alttarisi.

Ryhmähakemus

- Kartoita alueesi yleisiä eliittijärjestöjä – ja rukoile suoraan niiden hengellistä vaikutusta vastaan.
- Pidä istunto, jossa jäsenet voivat luottamuksellisesti tunnustaa, ovatko heidän perheensä olleet mukana vapaamuurareissa tai vastaavissa kulteissa.
- Tuokaa öljyä ja ehtoollista – johtakaa joukkoluopumista salassa

tehdyistä valaista, rituaaleista ja sinetistä.
- Murra ylpeys – muistuta ryhmää: **Mikään pääsy ei ole sielusi arvoinen.**

Keskeinen näkemys
Salaseurat lupaavat valoa. Mutta vain Jeesus on maailman valo. Kaikki muut alttarit vaativat verta – mutta eivät voi pelastaa.

Pohdintapäiväkirja

- Oliko kukaan suvussani mukana salaseuroissa tai "järjestöissä"?
- Olenko lukenut tai omistanut akateemisiksi teksteiksi naamioituja okkulttisia kirjoja?
- Mitä symboleja (pentagrammeja, kaikkinäkeviä silmiä, aurkoja, käärmeitä, pyramideja) on piilotettu vaatteisiini, taiteeseeni tai koruihini?

Luopumisen rukous
Isä, minä sanoudun irti jokaisesta salaseurasta, loosista, valasta, rituaalista tai alttarista, joka ei ole Jeesuksen Kristuksen perustama. Rikon isieni liitot, verilinjani ja oman suuni. Hylkään vapaamuurariuden, kabbalan, mystiikan ja jokaisen salaisen vallan hankkimiseksi tehdyn sopimuksen. Tuhoan jokaisen symbolin, jokaisen sinetin ja jokaisen valheen, joka lupasi valoa, mutta toi mukanaan orjuuden. Jeesus, asetan sinut jälleen valtaistuimelleni ainoaksi Mestarikseni. Loista valosi jokaiseen salaiseen paikkaan. Sinun nimessäsi vaellan vapaana. Aamen.

PÄIVÄ 38: KOHDUN LIITOT JA VESIKUNNAT – KUN KOHTALO ON SAASTETTU ENNEN SYNTYMÄÄ

"Jumalattomat ovat vieraantuneet kohdusta asti, he eksyvät syntyessään, puhuen valheita." – Psalmi 58:3

"Jo ennen kuin muovasin sinut äidin kohdussa, minä tunsin sinut, ennen kuin sinä synnyit, minä pyhitin sinut..." – Jeremia 1:5

Entä jos käymäsi taistelut eivät alkaisi valinnoistasi – vaan käsityksestäsi?

Entä jos nimesi lausuttaisiin pimeissä paikoissa, kun olit vielä kohdussa?

Mitä jos **identiteettisi vaihdettaisiin**, **kohtalosi myytäisiin** ja **sielusi merkittäisiin** – ennen kuin otit ensimmäisen hengenvedon?

vedenalaisen initiaation, **merihenkiliittojen** ja **sukupolvia sitovien okkulttisten kohtuväitteiden** todellisuus, erityisesti alueilla, joilla on syvät esi-isien ja rannikkojen rituaalit.

Vesivaltakunta — Saatanan valtaistuin alhaalla

Näkymättömässä maailmassa Saatana hallitsee **muutakin kuin ilmaa**. Hän hallitsee myös **merimaailmaa** – valtavaa demonista henkien, alttarien ja rituaalien verkostoa valtamerien, jokien ja järvien alla.

Merihenkien (yleisesti *Mami Wata*, *Rannikon kuningatar*, *henkivaimot/aviomiehet* jne.) tehtävänä on:

- Ennenaikainen kuolema
- Hedelmättömyys ja keskenmenot
- Seksuaalinen sidonta ja unelmat
- Henkinen piina
- Vastasyntyneiden vaivat
- Liiketoiminnan nousu- ja romahdusmallit

Mutta miten nämä henget saavat **laillisen jalansijan** ?
Kohdussa.
Näkymättömät vihkimykset ennen syntymää

- **Esi-isien omistautumiset** – Lapsi "lupataan" jumaluudelle, jos hän syntyy terveenä.
- **Okkulttiset papittaret** koskettavat kohtua raskauden aikana.
- **liitonimet** – tietämättään merikuningattarien tai -henkien kunnioittamiseksi.
- **Synnytysrituaalit,** jotka tehdään jokivedellä, taikakaluilla tai pyhäkköjen yrteillä.
- **Napanuoran hautaaminen** loitsujen avulla.
- **Raskaus okkulttisissa ympäristöissä** (esim. vapaamuurarilooshit, new age -keskukset, moniavioiset kultit).

Jotkut lapset syntyvät jo orjina. Siksi he huutavat rajusti syntyessään – heidän henkensä aistii pimeyden.
Tositarina – "Vauvani kuului joelle"
Sierra Leonesta kotoisin oleva Jessica oli yrittänyt tulla raskaaksi viisi vuotta. Lopulta hän tuli raskaaksi "profeetan" annettua hänelle saippuaa peseytymistä varten ja öljyä kohtuun hieromista varten. Vauva syntyi vahvana – mutta kolmen kuukauden iässä hän alkoi itkeä taukoamatta, aina öisin. Hän vihasi vettä, huusi kylvyissä ja tärisi hallitsemattomasti, kun hänet vietiin lähelle jokea.

Eräänä päivänä hänen poikansa kouristeli ja kuoli neljäksi minuutiksi. Hän virkosi henkiin – ja **alkoi puhua kokonaisin sanoin 9 kuukauden iässä** : "En kuulu tänne. Kuulun kuningattarelle."

Kauhistunut Jessica etsi pelastusta. Lapsi vapautettiin vasta 14 päivän paaston ja luopumisrukousten jälkeen – hänen miehensä täytyi tuhota kyläänsä kätketty perhejumala, ennen kuin piina loppui.

Vauvat eivät synny tyhjin käsin. He syntyvät taisteluihin, joita meidän on taisteltava heidän puolestaan.

GLOBAALIT RINNAKKAISUUDET

- **Afrikka** – jokialttarit, Mami Watan vihkimykset, istukkarituaalit.
- **Aasia** – Vesihenkiä, joita loihditaan buddhalaisten tai animististen syntymien aikana.
- **Eurooppa** – druidilaisten kätilöiden liitot, esi-isien vesiriitit, vapaamuurarien vihkimykset.
- **Latinalainen Amerikka** – Santerian nimeäminen, jokien henget (esim. Oshun), syntymä astrologisten karttojen mukaan.
- **Pohjois-Amerikka** – Uuden ajan synnytysrituaaleja, hypnosynnytystä henkioppaiden kanssa, meedioiden "siunausseremonioita".

Kohdun aloittaman sidonnan merkkejä

- Toistuvat keskenmenomallit sukupolvien ajan
- Yölliset kauhut imeväisillä ja lapsilla
- Selittämätön lapsettomuus lääkärintodistuksesta huolimatta
- Jatkuvat vesiunet (valtameret, tulvat, uiminen, merenneidot)
- Irrationaalinen pelko vedestä tai hukkumisesta
- Tunne "omistetuksi" – aivan kuin jokin tarkkailisi syntymästä asti

Toimintasuunnitelma — Kohdun liiton rikkominen

1. **Pyydä Pyhää Henkeä** paljastamaan, saitko sinä (tai lapsesi) vihkimyksen kohturituaalien kautta.
2. **Irtisanoudu** kaikista raskauden aikana tehdyistä liitoista – tietoisesti tai tietämättäsi.
3. **Rukoile oman synnytystarinasi puolesta** – vaikka äitisi ei olisikaan tavoitettavissa, puhu elämäsi laillisena hengellisenä portinvartijana.
4. **Paastota Jesajan kirjan luvun 49 ja psalmin 139 mukaan** – saadaksesi takaisin jumalallisen suunnitelmasi.
5. **Jos olet raskaana** : Voitele vatsasi ja puhu päivittäin syntymättömän lapsesi puolesta:

"Teidät on erotettu Herralle. Ei mikään veden, veren eikä pimeyden henki saa teitä omistaa. Te kuulutte Jeesukselle Kristukselle – ruumis, sielu ja henki."

Ryhmähakemus

- Pyydä osallistujia kirjoittamaan muistiin, mitä he tietävät synnytystarinastaan – mukaan lukien rituaalit, kätilöt tai nimeämistapahtumat.
- Kannusta vanhempia vihkimään lapsensa uudelleen "Kristus-keskeisessä nimeämis- ja liittotilaisuudessa".
- Johda rukouksia vesiliiton rikkomisesta käyttäen *Jesajan kirjan 28:18*, *Kolossalaiskirjeen 2:14* ja *Ilmestyskirjan 12:11 kohtia*.

Keskeinen näkemys
Kohtu on portti – ja sen läpi kulkevat usein tuovat mukanaan hengellistä taakkaa. Mutta mikään kohtualttari ei ole suurempi kuin risti.

Pohdintapäiväkirja

- Liittyikö hedelmöittymiseeni tai syntymääni esineitä, öljyjä, amuletteja tai nimiä?
- Koenko hengellisiä hyökkäyksiä, jotka alkoivat lapsuudessa?
- Olenko tietämättäni siirtänyt meriliittoja lapsilleni?

Vapautuksen rukous
Taivaallinen Isä, Sinä tunsit minut ennen luomistyötäni. Tänään rikon jokaisen salaisen liiton, vesirituaalin ja demonisen omistautumisen, joka on tehty syntymääni tai sitä ennen. Hylkään kaikki väitteet merihenkistä, familiaarisista hengistä tai sukupolvien kohtualttareista. Anna Jeesuksen veren kirjoittaa uudelleen syntymätarinani ja lasteni tarinat. Olen syntynyt Hengestä – en vesialttareista. Jeesuksen nimessä. Aamen.

PÄIVÄ 39: VESIKASTE ORJUUTEEN – MITEN LAPSET, ALKUKIRJAIMET JA NÄKYMÄTTÖMÄT LIITOT AVAAVAT OVIA

"*He vuodattivat viatonta verta, poikiensa ja tyttäriensä verta, uhrasivat heidät Kanaanin epäjumalille, ja maa häpäistiin heidän verellään.*" – Psalmi 106:38

"*Voidaanko sotureilta ottaa ryöstösaalis, pelastaako vankeja julmien käsistä?" Mutta näin sanoo Herra: "Vangit otetaan sotureilta ja saalis saadaan julmien käsistä...*" – Jesaja 49:24–25

Monet kohtalot eivät vain **suistuneet raiteiltaan aikuisuudessa** – ne **kaapattiin jo lapsuudessa**.

Tuo näennäisen viaton nimeämisseremonia...

Tuo rento pulahdus jokeen " lapsen siunaamiseksi"...

Kolikko kädessä... Viilto kielen alla... "Henkisen isoäidin" öljy... Jopa syntymässä annetut nimikirjaimet...

Ne kaikki saattavat vaikuttaa kulttuurillisilta. Perinteisiltä. Harmittomilta.

Mutta pimeyden valtakunta **piilee perinteissä** , ja monet lapset on **salaa vihitty** jo ennen kuin he osasivat sanoa "Jeesus".

Tositarina – "Joen nimi oli minun"

Haitissa poika nimeltä Malick varttui oudon jokien ja myrskyjen pelon keskellä. Taaperona isoäiti vei hänet puroon "esiteltäväksi henkien kanssa" suojellakseen häntä. Hän alkoi kuulla ääniä 7-vuotiaana. 10-vuotiaana hänellä oli öisiä vierailuja. 14-vuotiaana hän yritti itsemurhaa tuntiessaan "läsnäolon" aina rinnallaan.

Vapautuskokouksessa demonit ilmenivät rajusti ja huusivat: "Me menimme sisään joelle! Meitä kutsuttiin nimeltä!" Hänen nimensä, " Malick ", oli ollut osa hengellistä nimeämisperinnettä "joen kuningattaren kunniaksi". Kunnes hänet nimettiin uudelleen Kristuksessa, piina jatkui. Nyt hän palvelee vapautuksessa nuorten keskuudessa, jotka ovat kiinni esi-isiensä omistautumisessa.

Miten se tapahtuu — Piilotetut ansat

1. **Nimikirjaimet liittoina**
   Jotkut nimikirjaimet, erityisesti esi-isien nimiin, sukujumaliin tai vesijumaliin liittyvät (esim. "MM" = Mami/Marine; "OL" = Oya/Orisha-suku), toimivat demonisina allekirjoituksina.
2. **Vauvojen kastukset joissa/puroissa.**
   Nämä tehdään "suojaksi" tai "puhdistumiseksi", ja ne ovat usein **kasteita merenhenkiksi**.
3. **Salaiset nimeämisseremoniat**
   , joissa toinen nimi (eri kuin julkinen) kuiskataan tai lausutaan alttarin tai pyhäkön edessä.
4. **Syntymämerkkirituaalit**
   Öljyjä, tuhkaa tai verta asetetaan otsaan tai raajoihin lapsen "merkitsemiseksi" henkien varalta.
5. **Vesiruokitut napanuorahautaukset**
   Napanuorat pudotettiin jokiin, puroihin tai haudattiin vesiloitsujen kanssa – lapsi sitoi heidät vesialttareihin.

Jos vanhempasi eivät tehneet liittoa sinun kanssasi Kristuksen kanssa, on todennäköistä, että joku muu vaati sinut omakseen.

Globaalit okkulttiset kohdunsidontakäytännöt

- **Afrikka** – Vauvojen nimeäminen jokijumalien mukaan, narujen hautaaminen merialttareiden lähelle.
- **Karibia/Latinalainen Amerikka** – Santeria-kasterituaalit, jorubatyyliset vihkimykset yrteillä ja jokiesineillä.
- **Aasia** – hindurituaalit, joihin liittyy Ganges-vettä, astrologisesti lasketut nimeämiset, jotka liittyvät alkuainehenkiin.
- **Eurooppa** – Druidit tai esoteeriset nimeämisperinteet, joissa kutsutaan metsän/veden suojelijoita.
- **Pohjois-Amerikka** – Alkuperäiskansojen rituaaliset vihkimykset,

nykyaikaiset wicca-vauvojen siunaukset, uuden ajan nimeämisseremoniat, joissa kutsutaan "muinaisia oppaita".

Mistä tiedän?

- Selittämätön varhaislapsuuden kärsimys, sairaudet tai "kuvitteelliset ystävät"
- Unelmia joista, merenneidoista, veden jahtaamista
- Vastenmielisyys kirkkoja kohtaan, mutta kiehtovuus mystisiä asioita kohtaan
- Syvä tunne siitä, että sinua "seurataan" tai tarkkaillaan syntymästä asti
- Toisen nimen tai tuntemattoman seremonian löytäminen, joka liittyy vauvaikään

Toimintasuunnitelma – Vauvan pelastaminen

1. **Kysy Pyhältä Hengeltä** : Mitä tapahtui, kun synnyin? Mitkä hengelliset kädet koskettivat minua?
2. **Luovu kaikista salaisista omistautumisista** , vaikka ne olisi tehty tietämättäni: "Hylkään kaikki liitot, jotka on tehty minun puolestani ja jotka eivät ole Herran Jeesuksen Kristuksen kanssa."
3. **Katkaise siteet esi-isien nimiin, nimikirjaimiin ja merkkiin** .
4. **Käytä Jesajan kirjan 49:24–26, Kolossalaiskirjeen 2:14 ja 2. Korinttolaiskirjeen 5:17 kohtia** julistaaksesi identiteettisi Kristuksessa.
5. Tarvittaessa **pidä uudelleenvihkimiseremonia** – esittele itsesi (tai lapsesi) Jumalalle uudelleen ja julista uudet nimet, jos sinua johdetaan.

RYHMÄHAKEMUS

- Kehota osallistujia tutkimaan nimiensä tarinaa.
- Luo tilaa hengelliselle uudelleennimeämiselle, jos niin johdetaan –

anna ihmisten ottaa käyttöön nimiä kuten "Daavid", "Ester" tai hengen johdattama identiteetti.
- Johda ryhmää symbolisessa *uudelleenkasteessa*, joka merkitsee omistautumista – ei upottamista veteen, vaan voitelua ja sanaan perustuvaa liittoa Kristuksen kanssa.
- Pyydä vanhempia rikkomaan lastensa puolesta tehtyjä liittoja rukouksessa: "Te kuulutte Jeesukselle – millään hengellä, joella tai esi-isiimme liittyvällä siteellä ei ole laillista perustaa."

Keskeinen näkemys
Alkusi on tärkeä. Mutta sen ei tarvitse määritellä loppuasi. Jeesuksen veren virta voi murtaa jokaisen joen valloituksen.

Pohdintapäiväkirja

- Mitä nimiä tai nimikirjaimia minulle annettiin, ja mitä ne tarkoittavat?
- Oliko syntymässäni salaisia tai kulttuurillisia rituaaleja, joista minun pitäisi luopua?
- Olenko todella omistanut elämäni – ruumiini, sieluni, nimeni ja identiteettini – Herralle Jeesukselle Kristukselle?

Lunastuksen rukous
Isä Jumala, tulen eteesi Jeesuksen nimessä. Sanoudun irti jokaisesta liitosta, vihkimyksestä ja rituaalista, joka tehtiin syntymäni yhteydessä. Hylkään kaikki nimeämiset, vesiinitiaatiot ja esi-isieni vaatimukset. Olivatpa ne sitten nimikirjaimia, nimeämistä tai piiloalttaria – peruutan kaikki demoniset oikeudet elämääni. Julistan nyt, että olen täysin Sinun. Nimeni on kirjoitettu elämän kirjaan. Menneisyyteni on peitetty Jeesuksen verellä ja henkilöllisyyteni on sinetöity Pyhällä Hengellä. Aamen.

PÄIVÄ 40: TOIMITETUSTA TOIMITTAJAAN — KIPUSI ON VIIMEISTYKSESI

"**M**"*utta kansa, joka tunteeJumalansa, pysyy vahvana ja tekee urotekoja.*"
– Daniel 11:32

"*Silloin Herra herätti tuomareita, jotka pelastivat heidät noiden ryöstäjien käsistä.*" – Tuomarit 2:16

Sinua ei vapautettu istumaan hiljaa kirkossa.

Sinua ei vapautettu vain selviytyäksesi. Sinut vapautettiin **vapauttamaan muita**.

Sama Jeesus, joka paransi riivatun Markuksen evankeliumin luvussa 5, lähetti hänet takaisin Dekapoliin kertomaan tarinan. Ei seminaaria. Ei pappisvihkimystä. Vain **palava todistus** ja tuleen sytytetty suu.

Sinä olet se mies. Se nainen. Se perhe. Se kansakunta.

Kärsimäsi kipu on nyt aseesi.

Piina, josta pakenit, on trumpettisi. Se, mikä piti sinua pimeydessä, muuttuu nyt **valtasi näyttämöksi**.

Tosi tarina – Merijalkaväen morsiamesta vapautusministeriksi

Kamerunista kotoisin oleva Rebecca oli merihengen entinen morsian. Hänet vihittiin 8-vuotiaana rannikolla järjestetyssä nimeämisseremoniassa. 16-vuotiaana hän harrasti seksiä unissa, hallitsi miehiä silmillään ja oli aiheuttanut useita avioeroja noituudella. Hänet tunnettiin nimellä "kaunis kirous".

Kun hän kohtasi evankeliumin yliopistossa, hänen demoninsa villiintyivät. Kesti kuusi kuukautta paastoa, vapautumista ja syvää opetuslapseutta ennen kuin hän oli vapaa.

Nykyään hän pitää vapautuskonferensseja naisille ympäri Afrikkaa. Tuhannet ovat vapautuneet hänen kuuliaisuutensa ansiosta.

Mitä jos hän olisi pysynyt hiljaa?

Apostolinen nousu — Maailmanlaajuisia pelastajia syntyy

- **Afrikassa** entiset noidat perustavat nyt kirkkoja.
- **Aasiassa** entiset buddhalaiset saarnaavat Kristusta salaisissa huoneissa.
- **Latinalaisessa Amerikassa** entiset santeria-papit rikkovat nykyään alttareita.
- **Euroopassa** entiset okkultistit johtavat selittäviä raamatuntutkisteluja verkossa.
- **Pohjois-Amerikassa** uuden ajan petoksista selviytyneet johtavat viikoittaisia vapautus-Zoomien keskusteluja.

He ovat **epätodennäköisiä**, rikkinäisiä, entisiä pimeyden orjia, jotka nyt marssivat valossa – ja **sinä olet yksi heistä**.

Lopullinen toimintasuunnitelma – Astu puheluusi

1. **Kirjoita todistuksesi** – vaikka se ei sinusta tuntuisi dramaattiselta. Joku tarvitsee vapauttasi käsittelevää tarinaa.
2. **Aloita pienestä** – Rukoile ystävän puolesta. Isännöi raamattupiiriä. Kerro vapautumisprosessistasi.
3. **Älä koskaan lopeta oppimista** – Ilmestäjät pysyvät Sanassa, pysyvät katuvina ja terävinä.
4. **Peitä perheesi** – Julista päivittäin, että pimeys loppuu sinun ja lastesi kohdalla.
5. **Julista hengellisen sodan alueita** – työpaikkasi, kotisi, kadusi. Ole portinvartija.

Ryhmäkäyttöönotto
Tänään ei ole pelkkä hartaustilaisuus – se on **vihkiäisseremonia**.

- Voidelkaa toistenne päät öljyllä ja sanokaa:

"Sinut on vapautettu vapauttamaan. Nouse, Jumalan tuomari."

- Julistakaa ääneen ryhmänä:

"Emme ole enää selviytyjiä. Olemme sotureita. Kannamme valoa, ja pimeys vapisee."

- Nimittäkää rukouspareja tai vastuupareja jatkamaan rohkeuden ja vaikutuksen kasvua.

Keskeinen näkemys
Suurin kosto pimeyden valtakuntaa vastaan ei ole vain vapaus. Se on moninkertaistuminen.

Loppupohdintapäiväkirja

- Mikä oli se hetki, kun tiesin siirtyneeni pimeydestä valoon?
- Kenen tarvitsee kuulla tarinani?
- Mistä voin alkaa loistaa valoa tietoisesti tällä viikolla?
- Olenko valmis tulemaan pilkatuksi, väärinymmärretyksi ja vastustetuksi – vain jotta voisin vapauttaa muita?

Käyttöönoton rukous

Isä Jumala, kiitän Sinua 40 päivästä tulta, vapautta ja totuutta. Et pelastanut minua vain suojellaksesi minua – Sinä vapautit minut vapauttaaksesi muita. Tänään otan vastaan tämän viitan. Todistukseni on miekka. Arpeni ovat aseita. Rukoukseni ovat vasaroita. Kuuliaisuuteni on palvontaa. Vaellan nyt Jeesuksen nimessä – tulensytyttäjänä, vapauttajana, valonkantajana. Olen Sinun. Pimeydellä ei ole sijaa minussa eikä ympärilläni. Otan paikkani. Jeesuksen nimessä. Aamen.

360° PÄIVITTÄINEN VAPAUTUKSEN JA HALLITUKSEN JULISTUS – Osa 1

"*Ei yksikään ase, joka sinua vastaan valmistetaan, menesty, ja jokaisen kielen, joka nousee sinua vastaan oikeuteen, sinä tuomitset. Tämä on Herran palvelijoiden perintöosa...*" - Jesaja 54:17

Tänään ja joka päivä otan täyden paikkani Kristuksessa – hengessä, sielussa ja ruumiissa.

Suljen jokaisen oven – tunnetun ja tuntemattoman – pimeyden valtakuntaan.

Katkaisen kaiken yhteyden, sopimuksen, liiton tai yhteyden pahan alttarien, esi-isien henkien, henkipuolisoiden, okkulttisten seurojen, noituuden ja demonisten liittojen kanssa – Jeesuksen veren kautta!

Vakuutan, etten ole myytävänä. En ole tavoitettavissa. En ole rekrytoitava. Minua ei ole aloitettu uudelleen.

Jokainen saatanallinen takaisinkutsu, hengellinen tarkkailu tai pahan kutsuminen – hajotettakoon tulella, Jeesuksen nimessä!

Sitoudun Kristuksen mieleen, Isän tahtoon ja Pyhän Hengen ääneen.

Vaellan valossa, totuudessa, voimassa, puhtaudessa ja tarkoituksessa.

Suljin jokaisen kolmannen silmän, psyykkisen portin ja epäpyhän portaalin, jotka avattiin unien, traumojen, seksin, rituaalien, median tai väärien opetusten kautta.

Jumalan tuli kuluttakoon jokaisen laittoman talletuksen sielussani, Jeesuksen nimessä.

Puhun ilmalle, maalle, merelle, tähdille ja taivaille – ette tule työskentelemään minua vastaan.

Jokainen salainen alttari, agentti, tarkkailija tai kuiskaava demoni, joka on asetettu elämääni, perhettäni, kutsumustani tai aluettani vastaan – riisukoon aseista ja vaientakoon Jeesuksen veri!

Upotan mieleni Jumalan sanaan.

Julistan uneni pyhitetyiksi. Ajatukseni ovat suojattuja. Uneni on pyhä. Ruumiini on tulen temppeli.

Tästä hetkestä eteenpäin kuljen 360 asteen vapautuksessa – mikään ei ole piilossa, mikään ei ole jäänyt huomaamatta.

Jokainen viipyilevä site murtuu. Jokainen sukupolven ies murtuu. Jokainen katumaton synti paljastuu ja puhdistetaan.

Julistan:

- **Pimeydellä ei ole minuun valtaa.**
- **Kotini on tulipaloalue.**
- **Porttini ovat sinetöidyt kirkkaudessa.**
- **Elän kuuliaisuudessa ja vaellan voimassa.**

Nousen sukupolveni vapauttajana.

En katso taakseni. En palaa takaisin. Olen valo. Olen tuli. Olen vapaa. Jeesuksen mahtavassa nimessä. Aamen!

360° PÄIVITTÄINEN VAPAUTUKSEN JA HALLITUKSEN JULISTUS – Osa 2

Suojaus noituutta, taikuutta, nekromantteja, meedioita ja demonisia kanavia vastaan
Vapautus itsellesi ja muille heidän vaikutuksensa tai orjuutensa alaisina
Puhdistaminen ja peittäminen Jeesuksen veren kautta
Terveyden, identiteetin ja vapauden palauttaminen Kristuksessa
Suoja ja vapaus noituudesta, meedioista, nekromanteista ja hengellisestä orjuudesta
(Jeesuksen veren ja todistuksemme sanan kautta)
"Ja he voittivat hänet Karitsan veren voimalla ja todistuksensa sanan voimalla..."
- Ilmestyskirja 12:11
"Herra ... tekee tyhjäksi väärien profeettojen merkit ja tekee ennustajat tyhmiksi ... vahvistaa palvelijansa sanan ja toteuttaa sanansaattajansa neuvon."
– Jesaja 44:25–26
"Herran Henki on minun päälläni...julistaakseni vangituille vapautusta ja sidotuille vapautusta..."
– Luukas 4:18

ALKURUKOUS:
Isä Jumala, tulen tänään rohkeasti Jeesuksen veren kautta. Tunnustan sinun nimessäsi olevan voiman ja julistan, että sinä yksin olet minun vapauttajani ja puolustajani. Seison sinun palvelijanasi ja todistajanasi ja julistan sanaasi tänään rohkeasti ja auktoriteetilla.

SUOJELU- JA VAPAUTUKSEN JULISTUS

1. **Vapautus noituudesta, meedioista, nekromanteista ja hengellisestä vaikutuksesta:**

- Katkaisen **ja sanoudun irti** kaikista kirouksista, loitsuista, ennustamisista, lumouksista, manipuloinneista, monitoroinneista, astraaliprojektioista tai sielusiteistä – puhutuista tai toteutetuista – noituuden, nekromantian, meedioiden tai henkisten kanavien kautta.
- Julistan , että **Jeesuksen veri** on jokaista saastaista henkeä vastaan, joka pyrkii sitomaan, häiritsemään, pettämään tai manipuloimaan minua tai perhettäni.
- Käsken **kaiken hengellisen häirinnän, riivauksen, sorron ja sielun orjuuden** murtamaan nyt Jeesuksen Kristuksen nimessä olevan auktoriteetin kautta.
- Puhun **vapautusta itselleni ja jokaiselle ihmiselle, joka tietoisesti tai tietämättään on noituuden tai väärän valon vaikutuksen alaisena** . Tulkaa ulos nyt! Olkaa vapaita Jeesuksen nimessä!
- Kutsun Jumalan tulta **polttamaan jokaisen hengellisen ikeen, saatanallisen sopimuksen ja alttarin,** jotka on pystytetty hengessä orjuuttamaan tai vangitsemaan kohtalomme.

"Ei ole noituutta Jaakobia vastaan, ei ennustelua Israelia vastaan." – *4. Mooseksen kirja 23:23*

2. **Itsensä, lasten ja perheen puhdistaminen ja suojeleminen:**

- Rukoilen Jeesuksen verta mieleni , **sieluni, henkeni, ruumiini, tunteideni, perheeni, lasteni ja työni ylle.**
- Julistan: Minä ja minun huoneeni olemme **Pyhän Hengen sinetöimät ja kätkettyinä Kristuksen kanssa Jumalassa.**
- Mikään meitä vastaan valmistettu ase ei menesty. Jokainen kieli, joka puhuu meitä vastaan pahaa, **tuomitaan ja vaiennetaan** Jeesuksen nimessä.
- Sanoudun irti ja ajan ulos jokaisen **pelon, piinan, hämmennyksen, viettelyn tai kontrollin hengen** .

"Minä olen Herra, joka teen tyhjäksi valehtelijoiden merkit..." - *Jesaja 44:25*

3. Identiteetin, tarkoituksen ja terveen mielen palauttaminen:

- Vaadin takaisin jokaisen osan sielustani ja identiteetistäni, joka on **kaupattu, vangittu tai varastettu** petoksen tai hengellisen kompromissin kautta.
- Julistan: Minulla on **Kristuksen mieli** ja vaellan selkeydessä, viisaudessa ja auktoriteetissa.
- Julistan: Olen **vapautettu jokaisesta sukupolvea uhkaavasta kirouksesta ja kotitalouksien noituudesta**, ja vaellan liitossa Herran kanssa.

"Jumala ei ole antanut minulle pelkuruuden henkeä, vaan voiman, rakkauden ja raittiuden hengen." - *2. Timoteus 1:7*

4. Päivittäinen peittyminen ja voitto Kristuksessa:

- Julistan: Tänään vaellan jumalallisessa **suojeluksessa, erottelukyvyssä ja rauhassa**.
- Jeesuksen veri puhuu minulle **parempia asioita – suojelusta, parantumisesta, auktoriteetista ja vapaudesta**.
- Jokainen tälle päivälle asetettu paha tehtävä on kumottu. Minä vaellan voitossa ja riemuitsen Kristuksessa Jeesuksessa.

"Tuhat kaatukoon minun viereltäni ja kymmenentuhatta oikealta puoleltani, mutta se ei tule lähelle minua..." – *Psalmi 91:7*

LOPPUVAUSKUNTA JA TODISTUS:

"Voitan kaikenlaisen pimeyden, noituuden, nekromantian, taikuuden, psyykkisen manipuloinnin, sielujen peukaloinnin ja pahan hengellisen siirron – en omalla voimallani, vaan **Jeesuksen verellä ja todistukseni sanalla**."

"Julistan: **Olen vapautunut. Minun perheeni on vapautunut.** Jokainen kätketty ies on murrettu. Jokainen ansa on paljastettu. Jokainen väärä valo on sammutettu. Vaellan vapaudessa. Vaellan totuudessa. Vaellan Pyhän Hengen voimassa."

"Herra vahvistaa palvelijansa sanan ja toteuttaa sanansaattajansa neuvon. Näin on oleva tänä päivänä ja joka päivä tästä lähtien."

Jeesuksen mahtavassa nimessä, **Aamen.**
RAAMATUN KOHTAVIITTEET:

- Jesaja 44:24–26
- Ilmestyskirja 12:11
- Jesaja 54:17
- Psalmi 91
- 4. Mooseksen kirja 23:23
- Luukas 4:18
- Efesolaiskirje 6:10–18
- Kolossalaiskirje 3:3
- 2. Timoteuskirje 1:7

360° PÄIVITTÄINEN VAPAUTUKSEN JA HALLITUKSEN JULISTUS - Osa 3

"*Herra on soturi, Herra on hänen nimensä.*" – 2. Moos. 15:3
"*He voittivat hänet Karitsan veren ja todistuksensa sanan voimalla...*" – Ilmestyskirja 12:11

Tänään nousen ja otan paikkani Kristuksessa – istun taivaallisissa, paljon korkeammalle kaikkia ruhtinaskuntia, voimia, valtaistuimia, herruuksia ja kaikkia nimiä, jotka mainitaan.

MINÄ LUOPUN

Sanoudun irti jokaisesta tunnetusta ja tuntemattomasta liitosta, valasta tai initiaatiosta:

- Vapaamuurarius (1.–33. aste)
- Kabbala ja juutalainen mystiikka
- Itäinen tähti ja ruusuristiläiset
- Jesuiittaveljeskunnat ja Illuminati
- Saatanalliset veljeskunnat ja luciferilaiset lahkot
- Merenhenget ja vedenalaiset liitot
- Kundaliini-käärmeet, chakrojen linjaukset ja kolmannen silmän aktivoinnit
- New Age -harha, reiki, kristillinen jooga ja astraalimatkailu
- Noituus, magia, nekromantia ja astraalisopimukset
- Okkulttiset sielunsiteet seksistä, rituaaleista ja salaisista sopimuksista
- Vapaamuurarien valat verilinjastani ja esi-isieni pappeudesta

Katkaisen jokaisen hengellisen napanuoran:

- Muinaiset verialttarit
- Väärä profeetallinen tuli

- Henkipuolisot ja unelmien valloittajat
- Pyhä geometria, valokoodit ja universaalin lain opit
- Väärät kristukset, tutut henget ja väärennetyt pyhät henget

Jeesuksen veri puhukoon puolestani. Jokainen sopimus revittäköön. Jokainen alttari särkyköön. Jokainen demoninen identiteetti pyyhittäköön pois – nyt!

JULISTAN
Julistan:

- Ruumiini on Pyhän Hengen elävä temppeli.
- Mieltäni varjelee pelastuksen kypärä.
- Sieluni pyhitetään päivittäin Sanan pesulla.
- Golgata puhdistaa vereni.
- Unelmani ovat sinetöity valoon.
- Nimeni on kirjoitettu Karitsan elämänkirjaan – ei mihinkään okkulttiseen rekisteriin, majaan, lokikirjaan, kirjakääröön tai sinettiin!

MINÄ KÄSEN
Minä käsken:

- Jokainen pimeyden agentti – tarkkailijat, valvojat, astraaliprojektorit – sokaistuu ja hajaantuu.
- Jokainen side manalaan, merimaailmaan ja astraalitasolle – katkeakoon!
- Jokainen synkkä merkki, istute, rituaalihaava tai hengellinen polttomerkki – puhdistettakoon tulella!
- Jokainen valheita kuiskaava tuttu henki – vaiennettakoon nyt!

IRROTAN
Irtaudun seuraavista:

- Kaikki demoniset aikajanat, sielunvankilat ja henkihäkit
- Kaikki salaseurojen sijoitukset ja asteet

- Kaikki väärät viitat, valtaistuimet tai kruunut, joita olen käyttänyt
- Jokainen identiteetti, jota Jumala ei ole luonut
- Jokainen pimeiden järjestelmien voimaannuttama liittouma, ystävyys tai suhde

PERUSTAN
Minä vahvistan:

- Kunnian palomuuri minun ja talouteni ympärillä
- Pyhät enkelit jokaisella portilla, portaalilla, ikkunalla ja polulla
- Puhtaus mediassani, musiikissani, muistoissani ja mielessäni
- Totuus ystävyyssuhteissani, palvelutyössäni, avioliitossani ja lähetystyössäni
- Katkeamaton yhteys Pyhän Hengen kanssa

LÄHETÄN
Alistun kokonaan Jeesukselle Kristukselle – teurastetulle Karitsalle, hallitsevalle kuninkaalle, karjuvalle leijonalle.
Minä valitsen valon. Minä valitsen totuuden. Minä valitsen kuuliaisuuden.
Minä en kuulu tämän maailman pimeyteen.
Minä kuulun meidän Jumalamme ja hänen Kristuksensa valtakuntaan.
VAROITTAN VIHOLLISTA
Tällä julistuksella annan ilmoituksen:

- Jokainen korkea-arvoinen ruhtinaskunta
- Jokainen kaupunkien, sukulinjojen ja kansojen hallitseva henki
- Jokainen astraalimatkaaja, noita, velho tai langennut tähti...

Olen koskematonta omaisuutta.
    Nimeäni ei löydy arkistoistasi. Sieluni ei ole myynnissä. Unelmani ovat käskyssä. Ruumiini ei ole temppelisi. Tulevaisuuteni ei ole leikkikenttäsi. En palaa orjuuteen. En toista esi-isien kiertokulkua. En kanna outoa tulta. En ole käärmeiden lepopaikka.

MINÄ SINETIN
Sinetöin tämän julistuksen:

- Jeesuksen veri
- Pyhän Hengen tuli
- Sanan auktoriteetti
- Kristuksen ruumiin ykseys
- Todistukseni ääni

Jeesuksen nimessä, Aamen ja Aamen

JOHTOPÄÄTÖS: SELVIYTYMISESTÄ POIKAKSI – VAPAANA PYSYMINEN, VAPAANA ELÄMINEN, MUIDEN VAPAUTTAMINEN

"*Pysykää siis lujina siinä vapaudessa, jolla Kristus meidät vapautti, älkääkä antako uudelleen itseänne sitoa orjuuden ikeeseen.*" – Gal. 5:1

"*Hän vei heidät pois pimeydestä ja kuoleman varjosta ja katkaisi heidän kahleensa.*" – Psalmi 107:14

Nämä 40 päivää eivät koskaan olleet vain tietoa. Ne olivat **sodankäyntiä**, **heräämistä** ja **herruudessa vaeltamista**.

Olet nähnyt, miten pimeä valtakunta toimii – hienovaraisesti, sukupolvien välillä, joskus avoimesti. Olet matkannut esi-isien porttien, unelmamaailman, okkulttisten sopimusten, globaalien rituaalien ja hengellisen piinan läpi. Olet kohdannut todistuksia käsittämättömästä tuskasta – mutta myös **radikaalista vapautumisesta**. Olet rikkonut alttareita, luopunut valheista ja kohdannut asioita, joita monet saarnatuolit pelkäävät nimetä.

MUTTA TÄMÄ EI OLE LOPPU.

Nyt alkaa todellinen matka: **Vapautesi säilyttäminen. Hengessä eläminen. Ulospääsytien opettaminen muille.**

On helppo kulkea läpi 40 päivää tulta ja palata Egyptiin. On helppo purkaa alttareita ja rakentaa ne uudelleen yksinäisyydessä, himossa tai hengellisessä väsymyksessä.

Älä.

Et ole enää **syklien orja**. Olet **vartija** muurilla. Perheesi **portinvartija**. Kaupunkisi **soturi**. **Ääni** kansoille.

7 VIIMEISTÄ TEKOA NIILE, JOTKA VAELTAVAT HALLITUKSESSA

1. **Vartioi porttejasi.**
   Älä avaa hengellisiä ovia kompromissien, kapinan, ihmissuhteiden tai uteliaisuuden kautta.
   "Älkää antako sijaa Paholaiselle." - Efesolaiskirje 4:27
2. **Kurittaa ruokahaluasi**
   Paastoamisen tulisi olla osa kuukausittaista rytmiäsi. Se tasapainottaa sielun ja pitää lihan alistuvana.
3. **Sitoudu puhtauteen.**
   Tunne-, seksuaali-, sana- ja visuaalinen puhtaus. Epäpuhtaus on demonien ykkösportti, jota he käyttävät ryömissään takaisin sisään.
4. **Hallitse Sana**
   Raamattu ei ole valinnainen. Se on sinun miekkasi, kilpesi ja jokapäiväinen leipäsi. *"Runsaasti asukoon teissä Kristuksen sana..."* (Kol. 3:16)
5. **Löydä heimosi.**
   Vapautusta ei ole koskaan tarkoitettu yksin kulkemista varten. Rakenna, palvele ja paranna Hengen täyttämässä yhteisössä.
6. **Hyväksy kärsimys**
   Kyllä – kärsimys. Kaikki piina ei ole demonista. Osa on pyhittävää. Kävele sen läpi. Kirkkaus on edessä.
   "Kärsittyänne hetken... Hän vahvistaa teitä, tukee teitä ja vahvistaa teitä." - 1. Piet. 5:10
7. **Opeta muita**
   Ilmaiseksi olet saanut – anna nyt ilmaiseksi. Auta muita saamaan ilmaiseksi. Aloita kodistasi, piiristäsi, seurakunnastasi.

TOIMITETUSTA OPETUSLAPSELLE

Tämä hartaushetki on maailmanlaajuinen huuto – ei vain paranemisen puolesta, vaan armeijan nousun puolesta.

On **aika paimenille**, jotka voivat haistaa sodankäynnin.

On **aika profeetoille**, jotka eivät kavahta käärmeitä.

On **aika äideille ja isille**, jotka rikkovat sukupolvien välisiä sopimuksia ja rakentavat totuuden alttareita.

On **aika kansojen** saada varoitusta ja kirkon lopettaa hiljaisuus.

SINÄ OLET ERO

Minne menet täältä, on tärkeää. Se, mitä kannat mukanasi, on tärkeää. Pimeys, josta sinut vedettiin, on juuri se alue, jolla sinulla on nyt valta. Vapautus oli syntymäoikeutesi. Hallitseminen on viittasi. Kävele nyt siinä.

VIIMEINEN RUKOUS

Herra Jeesus, kiitos, että olet kulkenut kanssani nämä 40 päivää. Kiitos, että paljastat pimeyden, katkaiset kahleet ja kutsut minut korkeampaan paikkaan. Kieltäydyn palaamasta. Rikon jokaisen sopimuksen pelon, epäilyksen ja epäonnistumisen vallassa. Otan valtakuntani tehtävän vastaan rohkeasti. Käytä minua vapauttamaan muita. Täytä minut Pyhällä Hengellä päivittäin. Anna elämäni tulla valon aseeksi – perheessäni, kansakunnassani, Kristuksen ruumiissa. En ole hiljaa. Minua ei voiteta. En anna periksi. Kuljen pimeydestä valtakuntaan. Ikuisesti. Jeesuksen nimessä. Aamen.

Kuinka syntyä uudesti ja aloittaa uusi elämä Kristuksen kanssa

Ehkä olet vaeltanut Jeesuksen kanssa aiemmin, tai ehkä olet vasta tavannut Hänet näiden 40 päivän aikana. Mutta juuri nyt jokin sisälläsi liikkuu.
Olet valmis enemmän kuin uskontoon.
Olet valmis **parisuhteeseen**.
Olet valmis sanomaan: "Jeesus, tarvitsen sinua."
Tässä on totuus:

"Sillä kaikki ovat syntiä tehneet; me kaikki emme täytä Jumalan kirkkauden mittaa... mutta Jumala armossansa tekee meidät lahjaksi vanhurskaiksi hänen silmissään."
– Room. 3:23–24 (NLT)

Et voi ansaita pelastusta.
Et voi korjata itseäsi. Mutta Jeesus on jo maksanut täyden hinnan – ja Hän odottaa, että voi toivottaa sinut tervetulleeksi kotiin.

Kuinka syntyä uudesti

UUDESTISYNTYMINEN TARKOITTAA elämän antamista Jeesukselle – hänen anteeksiantonsa vastaanottamista, uskomista hänen kuolemaansa ja nousseen ylös sekä hänen vastaanottamistaan Herrakseen ja Vapahtajakseen.

Se on yksinkertaista. Se on voimakasta. Se muuttaa kaiken.

Rukoile tämä ääneen:

"**HERRA JEESUS, USKON**, että olet Jumalan Poika.
Uskon, että kuolit syntini tähden ja nousit ylös.
Tunnustan, että olen tehnyt syntiä ja tarvitsen anteeksiantoasi.
Tänään kadun ja käännyn pois vanhoilta tavoiltani.
Kutsun Sinut elämääni Herrakseni ja Vapahtajakseni.

Pese minut puhtaaksi. Täytä minut Hengelläsi.
Julistan, että olen syntynyt uudesti, saanut anteeksi ja olen vapaa.
Tästä päivästä lähtien seuraan Sinua –
ja elän Sinun jalanjäljissäsi.
Kiitos, että pelastit minut. Jeesuksen nimessä, aamen."

Seuraavat askeleet pelastuksen jälkeen

1. **Kerro jollekulle** – Jaa päätöksesi jonkun uskovan kanssa, johon luotat.
2. **Löydä Raamattuun perustuva seurakunta** – Liity yhteisöön, joka opettaa Jumalan sanaa ja elää sen mukaan. Käy God's Eagle -palveluissa verkossa osoitteessa https://www.otakada.org [1] tai https://chat.whatsapp.com/H67spSun32DDTma8TLh0ov .[2]
3. **Mene kasteelle** – Ota seuraava askel julkisesti tunnustaaksesi uskosi.
4. **Lue Raamattua päivittäin** – Aloita Johanneksen evankeliumista.
5. **Rukoile joka päivä** – Puhu Jumalalle ystävänä ja Isänä.
6. **Pysy yhteydessä** – Ympäröi itsesi ihmisillä, jotka kannustavat sinua uuteen elämäntapaasi.
7. **Aloita opetuslapseusprosessi yhteisössä** – Kehitä henkilökohtainen suhde Jeesukseen Kristukseen näiden linkkien kautta

40 päivän opetuslapseus 1 - https://www.otakada.org/get-free-40-days-online-discipleship-course-in-a-journey-with-jesus/

40 Opetuslapseus 2 - https://www.otakada.org/get-free-40-days-dna-of-discipleship-journey-with-jesus-series-2/

---

1. https://www.otakada.org
2. https://chat.whatsapp.com/H67spSun32DDTma8TLh0ov

Pelastukseni hetki

P äivämäärä : _ ...
　　Allekirjoitus : _ ...

"Jos joku on Kristuksessa, niin hän on uusi luomus; vanha on kadonnut, uusi on sijaan tullut!"
　- 2. Korinttilaisille 5:17

Uuden elämän todistus Kristuksessa

Pelastusjulistus – uudestisyntynyt armosta

Tämä todistaa, että

_ ...

(KOKO NIMI)

on julkisesti tunnustanut **uskovansa Jeesukseen Kristukseen**
Herrana ja Vapahtajana ja saanut pelastuksen lahjaksi hänen kuolemansa ja ylösnousemuksensa kautta.

"Jos sinä avoimesti tunnustat Jeesuksen Herraksi ja uskot sydämessäsi, että Jumala herätti hänet kuolleista, niin sinä pelastut."
- Roomalaiskirje 10:9
Tänä päivänä taivas iloitsee ja uusi matka alkaa.

Päätöksen päivämäärä : _ ...

Allekirjoitus : _ ...

Pelastusjulistus

"TÄNÄÄN ANNAN ELÄMÄNI Jeesukselle Kristukselle.
Uskon, että hän kuoli syntieni tähden ja nousi ylös. Otan hänet vastaan Herrakseni ja Vapahtajakseni. Olen saanut anteeksi, syntynyt uudesti ja tehty uudeksi. Tästä hetkestä lähtien vaellan hänen jalanjälkissään."

Tervetuloa Jumalan perheeseen!

NIMESI ON KIRJOITETTU Karitsan elämänkirjaan.
Tarinasi on vasta alussa – ja se on ikuinen.

YHTEYDESSÄ JUMALAN EAGLE-MINISTERIÖIHIN

- Verkkosivusto: www.otakada.org[1]
- Huoleton vauraus -sarja: www.wealthbeyondworryseries.com[2]
- Sähköposti: ambassador@otakada.org

- **Tue tätä työtä:**

Tue valtakunnan projekteja, lähetystyötä ja ilmaisia maailmanlaajuisia resursseja liittoon perustuvan antamisen kautta.
Skannaa QR-koodi lahjoittaaksesi
https://tithe.ly/give?c=308311
Anteliaisuutesi auttaa meitä tavoittamaan useampia sieluja, kääntämään resursseja, tukemaan lähetyssaarnaajia ja rakentamaan opetuslapseusjärjestelmiä maailmanlaajuisesti. Kiitos!

---

1. https://www.otakada.org
2. https://www.wealthbeyondworryseries.com

3. LIITY WHATSAPP-LIITTOYHTEISÖÖMME

Vastaanota päivityksiä, hartaussisältöä ja ole yhteydessä liittomielisiin uskoviin maailmanlaajuisesti.

Skannaa liittyäksesi
https://chat.whatsapp.com/H67spSun32DDTma8TLh0ov

SUOSITELTAVAT KIRJAT JA RESURSSIT

- *Toimitettu pimeyden vallasta* (**nidottu**) — Osta tästä [1] | E-kirja [2]Amazonissa[3]

- **Parhaat arvostelut Yhdysvalloista:**
    - **Kindle-asiakas** : "Paras kristillinen lukukokemus ikinä!" (5 tähteä)

---

1. https://shop.ingramspark.com/b/084?params=oeYbAkVTC5ao8PfdVdzwko7wi6IQimgJY2779NaqG4e
2. https://www.amazon.com/Delivered-Power-Darkness-AFRICAN-DELIVERED-ebook/dp/B0CC5MM4MV
3. https://www.amazon.com/Delivered-Power-Darkness-AFRICAN-DELIVERED-ebook/dp/B0CC5MM4MV

YLISTYS JEESUKSELLE tästä todistuksesta. Olen ollut niin siunattu ja suosittelen kaikille tämän kirjan lukemista... Sillä synnin palkka on kuolema, mutta Jumalan lahja on iankaikkinen elämä. Shalom! Shalom!

- **Da Gster** : "Tämä on erittäin mielenkiintoinen ja melko outo kirja." (5 tähteä)

Jos kirjassa sanotaan totta, olemme todellakin pahasti jäljessä siitä, mihin vihollinen pystyy! ... Välttämätön opas kaikille, jotka haluavat oppia hengellisestä sodankäynnistä.

- **Visa** : "Rakastan tätä kirjaa" (5 tähteä)

Tämä on silmiä avaava kokemus... todellinen tunnustus... Olen viime aikoina etsinyt sitä kaikkialta ostaakseni sitä. Olen niin iloinen, että sain sen Amazonista.

- **FrankJM** : "Aivan erilainen" (4 tähteä)

Tämä kirja muistuttaa minua siitä, kuinka todellista hengellinen sodankäynti on. Se tuo myös mieleeni syyn pukeutua "Jumalan täyteen sota-asuun".

- **JenJen** : "Kaikki, jotka haluavat taivaaseen - lukekaa tämä!" (5 tähteä)

Tämä kirja muutti elämäni niin paljon. Yhdessä John Ramirezin todistuksen kanssa se saa sinut tarkastelemaan uskoasi eri tavalla. Olen lukenut sen kuusi kertaa!

- *Ex-Satanist: The James Exchange* (nidottu) — Osta tästä [4] | E-kirja [5] Amazonista [6]

---

4. https://shop.ingramspark.com/b/084?params=I2HNGtbqJRbal8OxU3RMTApQsLLxcUCTC8zUdzDy0W1

5. https://www.amazon.com/JAMESES-Exchange-Testimony-High-Ranking-Encounters-ebook/dp/B0DJP14JLH

6. https://www.amazon.com/JAMESES-Exchange-Testimony-High-Ranking-Encounters-ebook/dp/B0DJP14JLH

- *Afrikkalaisen entisen saatananpalvojan todistus - Pastori JONAS LUKUNTU MPALA* (nidottu) — Osta tästä [7] | E-kirja [8] Amazonista[9]

- *Greater Exploits 14* (nidottu) — Osta tästä [10] | E-kirja [11] Amazonista[12]

---

7. https://shop.ingramspark.com/b/
   084?params=0Aj9Sze4cYoLM5OqWrD20kgknXQQqO5AZYXcWtoMqWN
8. https://www.amazon.com/TESTIMONY-African-EX-SATANIST-Pastor-Jonas-ebook/dp/
   B0DJDLFKNR
9. https://www.amazon.com/TESTIMONY-African-EX-SATANIST-Pastor-Jonas-ebook/dp/
   B0DJDLFKNR
10. https://shop.ingramspark.com/b/084?params=772LXinQn9nCWcgq572PDsqPjkTJmpgSqrp88b0qzKb
11. https://www.amazon.com/Greater-Exploits-MYSTERIOUS-Strategies-Countermeasures-ebook/dp/
    B0CGHYPZ8V
12. https://www.amazon.com/Greater-Exploits-MYSTERIOUS-Strategies-Countermeasures-ebook/dp/
    B0CGHYPZ8V

- *Paholaisen padasta,* kirjoittanut John Ramirez — Saatavilla Amazonista[13]
- *Hän tuli vapauttamaan vangit,* kirjoittanut Rebecca Brown — Löydä Amazonista[14]

Muita saman kirjailijan julkaisemia kirjoja – Yli 500 nimekettä
Rakastettu, valittu ja kokonainen : 30 päivän matka hylkäämisestä ennalleenasettamiseen, **käännetty** 40 maailman kielelle
https://www.amazon.com/Loved-Chosen-Whole-Rejection-Restoration-ebook/dp/B0F9VSD8WL
https://shop.ingramspark.com/b/
084?params=xga0WR16muFUwCoeMUBHQ6HwYjddLGpugQHb3DVa5hE

---

13. https://www.amazon.com/Out-Devils-Cauldron-John-Ramirez/dp/0985604306
14. https://www.amazon.com/He-Came-Set-Captives-Free/dp/0883683239

Hänen jalanjälkissään — 40 päivän WWJD-haaste:
Elämää Jeesuksen tavoin tosielämän tarinoissa ympäri maailmaa
https://www.amazon.com/His-Steps-Challenge-Real-Life-Stories-ebook/dp/B0FCYTL5MG
https://shop.ingramspark.com/b/084?params=DuNTWS59IbkvSKtGFbCbEFdv3Zg0FaITUEvlK49yLzB

JEESUS OVELLA:
40 sydäntäsärkevää tarinaa ja taivaan viimeinen varoitus tämän päivän kirkoille

https://www.amazon.com/dp/B0FDX31L9F

https://shop.ingramspark.com/b/084?params=TpdA5j8WPvw83glJ12N1B3nf8LQte2a1lIEy32bHcGg

LIITON ELÄMÄ: 40 PÄIVÄÄ vaellusta 5. Mooseksen kirjan 28. luvun siunauksessa

- https://www.amazon.com/dp/B0FFJCLDB5

Tarinoita oikeilta ihmisiltä, aidosta tottelevaisuudesta ja aidosta
https://shop.ingramspark.com/b/
084?params=bH3pzfz1zdCOLpbs7tZYJNYgGcYfU32VMz3J3a4e2Qt

Transformaatio yli 20 kielellä

TUNTEMINEN HÄNET JA TUNTEMINEN HÄNET:
40 päivää paranemiseen, ymmärrykseen ja kestävään rakkauteen

HTTPS://WWW.AMAZON.com/KNOWING-HER-HIM-Healing-Understanding-ebook/dp/B0FGC4V3D9[15]

https://shop.ingramspark.com/b/084?params=vC6KCLoI7Nnum24BVmBtSme9i6k59p3oynaZOY4B9Rd

TÄYDELLINEN, EI KILPAILE:
40 päivän matka tarkoitukseen, ykseyteen ja yhteistyöhön

---

[15]. https://www.amazon.com/KNOWING-HER-HIM-Healing-Understanding-ebook/dp/B0FGC4V3D9

HTTPS://SHOP.INGRAMSPARK.com/b/
084?params=5E4v1tHgeTqOOuEtfTYUzZDzLyXLee30cqYo0Ov9941[16]
 https://www.amazon.com/COMPLETE-NOT-COMPETE-Journey-Collaboration-ebook/dp/B0FGGL1XSQ/

JUMALALLINEN TERVEYSKOODI - 40 päivittäistä avainta parantumisen aktivoimiseksi Jumalan sanan ja luomakunnan kautta. Avaa kasvien, rukouksen ja profeetallisen toiminnan parantava voima.

---

16. https://shop.ingramspark.com/b/084?params=5E4v1tHgeTqOOuEtfTYUzZDzLyXLee30cqYo0Ov9941

https://shop.ingramspark.com/b/
084?params=xkZMrYcEHnrJDhe1wuHHYixZDViiArCeJ6PbNMTbTux
https://www.amazon.com/dp/B0FHJT42TK

MUITA KIRJOJA LÖYTYY tekijän sivulta https://www.amazon.com/stores/Ambassador-Monday-O.-Ogbe/author/B07MSBPFNX

LIITE (1–6): RESURSSIT VAPAUDEN YLLÄPITÄMISEEN JA SYVEMPIIN VAPAUTUMISEEN

LIITE 1: Rukous kirkon piilotetun noituuden, okkulttisten käytäntöjen tai outojen alttarien havaitsemiseksi

"*Ihmisen poika, näetkö, mitä he tekevät pimeydessä...?*" – Hesekiel 8:12

"*Älkääkä olko osallisina pimeyden hedelmättömiin tekoihin, vaan pikemminkin paljastakaa ne.*" – Efesolaiskirje 5:11

Rukous erottamisen ja paljastumisen puolesta:

Herra Jeesus, avaa silmäni näkemään, mitä Sinä näet. Paljastu jokainen outo tuli, jokainen salainen alttari, jokainen saarnatuolien, penkkien tai käytäntöjen takana piileskelev okkulttinen operaatio. Poista hunnut. Paljasta palvontana naamioitu epäjumalanpalvelus, profetiana naamioitu manipulointi ja armona naamioitu perversio. Puhdista paikallinen seurakuntani. Jos olen osa kompromisseihin perustuvaa yhteisöä, johdata minut turvaan. Pystytä puhtaita alttareita. Puhtaat kädet. Pyhät sydämet. Jeesuksen nimessä. Aamen.

LIITE 2: Mediasta luopumisen ja puhdistautumisen protokolla

"*En aseta silmieni eteen mitään pahaa...*" – Psalmi 101:3
Vaiheet mediaelämäsi puhdistamiseksi:

1. **Auditoi** kaikki: elokuvat, musiikki, pelit, kirjat, alustat.
2. **Kysy:** Ylistääkö tämä Jumalaa? Avaako se ovia pimeyteen (esim. kauhuun, himoon, noituuteen, väkivaltaan tai new age -teemoihin)?
3. **Luopua** :

"Irtisanoudun jokaisesta jumalattoman median kautta avatusta demonisesta portista. Irrotan sieluni kaikista sielunsiteistä julkkiksiin, tekijöihin, hahmoihin ja vihollisen voimaannuttamiin juonikuvioihin."

1. **Poista ja tuhoa** : Poista sisältö fyysisesti ja digitaalisesti.
2. **Korvaa** jumalisilla vaihtoehdoilla – jumalanpalveluksella, opetuksilla, todistuksilla, tervehenkisillä elokuvilla.

LIITE 3: Vapaamuurarius, Kabbala, Kundalini, Noituus, Okkulttinen luopumiskäsikirjoitus

"*Älkää olko mitään tekemistä pimeyden hedelmättömien tekojen kanssa...*" – Efesolaiskirje 5:11

Sano ääneen:

Jeesuksen Kristuksen nimessä sanoudun irti kaikista valoista, rituaaleista, symboleista ja vihkimyksistä mihin tahansa salaseuraan tai okkulttiseen järjestöön – tietoisesti tai tietämättäni. Torjun kaikki siteet:

- **Vapaamuurarius** – Kaikki asteet, symbolit, vervalat, kiroukset ja epäjumalanpalvelus.
- **Kabbala** – juutalainen mystiikka, Zohar-tulkinnat, elämänpuun loitsut tai enkelimagia.
- **Kundalini** – Kolmannen silmän avautuminen, joogan heräämiset, käärmetuli ja chakrojen tasapainottaminen.
- **Noituus ja New Age** – astrologia, tarot, kristallit, kuurituaalit, sielunmatkailu, reiki, valkoinen tai musta magia.
- **Ruusuristiläiset, Illuminati, Pääkallon ja sääriluut, jesuiittojen valat, druidivihkot, satanismi, spiritismi, santeria, voodoo, wicca, thelema, gnostilaisuus, egyptiläiset mysteerit, babylonialaiset rituaalit.**

Mitätöin jokaisen puolestani tehdyn liiton. Katkaisen kaikki siteet sukuuni, uniini ja sielunsiteisiini. Luovutan koko olemukseni Herralle Jeesukselle Kristukselle – hengelleni, sielulleni ja ruumiilleni. Suljettakoon jokainen demoninen portti pysyvästi Karitsan verellä. Puhdistakoon nimeni jokaisesta pimeästä rekisteristä. Aamen.

LIITE 4: Voiteluöljyn aktivointiopas

"*Jos joku teistä kärsii? Rukoilkoon. Jos joku teistä on sairas, kutsukoot he vanhimmat luokseen... voitelemalla hänet öljyllä Herran nimessä."* – Jaakobin kirje 5:13–14

Kuinka käyttää voiteluöljyä vapautukseen ja hallintaan:

- **Otsa** : Mielen uudistaminen.
- **Korvat** : Jumalan äänen erottaminen.
- **Vatsa** : Tunteiden ja hengen tilan puhdistaminen.
- **Jalat** : Kävely kohti jumalallista kohtaloa.
- **Ovet/Ikkunat** : Hengellisten porttien sulkeminen ja kotien puhdistaminen.

Voitelun yhteydessä lausuttu julistus:

"Pyhitän tämän tilan ja astian Pyhän Hengen öljyllä. Yhdelläkään demonilla ei ole laillista pääsyä tänne. Herran kirkkaus asukoon tässä paikassa."

LIITE 5: Kolmannen silmän ja yliluonnollisen näkökyvyn hylkääminen okkultismin lähteistä

Sano ääneen:

"Jeesuksen Kristuksen nimessä sanoudun irti kaikista kolmannen silmäni avautumisista – olipa kyse sitten traumasta, joogasta, astraalimatkailusta, psykedeeleistä tai hengellisestä manipuloinnista. Pyydän Sinua, Herra, sulkemaan kaikki laittomat portaalit ja sinetöimään ne Jeesuksen verellä. Vapautan jokaisen näyn, oivalluksen tai yliluonnollisen kyvyn, joka ei tullut Pyhältä Hengeltä. Sokeutukoon ja sidokoon jokainen demoninen tarkkailija, astraaliprojektori tai minua valvova olento Jeesuksen nimessä. Valitsen puhtauden voiman sijaan, läheisyyden oivalluksen sijaan. Aamen."

LIITE 6: Videomateriaalia hengellisen kasvun todistusten kera

1) aloita 1,5 minuutista - https://www.youtube.com/watch?v=CbFRdraValc

2) https://youtu.be/b6WBHAcwN0k?si=ZUPHzhDVnn1PPIEG

3) https://youtu.be/XvcqdbEIO1M?si=GBlXg-cO-7f09cR[1]

4) https://youtu.be/jSm4r5oEKjE?si=1Z0CPgA33S0Mfvyt

5) https://youtu.be/B2VYQ2-5CQ8?si=9MPNQuA2f2rNtNMH

6) https://youtu.be/MxY2gJzYO-U?si=tr6EMQ6kcKyjkYRs

7) https://youtu.be/ZW0dJAsfJD8?si=Dz0b44I53W_Fz73A

8) https://youtu.be/q6_xMzsj_WA?si=ZTotYKo6Xax9nCWK

9) https://youtu.be/c2ioRBNriG8?si=JDwXwxhe3jZlej1U

10) https://youtu.be/8PqGMMtbAyo?si=UqK_S_hiyJ7rEGz1

11) https://youtu.be/rJXu4RkqvHQ?si=yaRAA_6KIxjm0eOX

12) https://youtu.be/nS_Insp7i_Y?si=ASKLVs6iYdZToLKH

13) https://youtu.be/-EU83j_eXac?si=-jG4StQOw7S0aNaL

14) https://youtu.be/_r4Jyzs2EDk?si=tldAtKOB_3-J_j_C

15) https://youtu.be/KiiUPLaV7xQ?si=I4x7aVmbgbrtXF_S

16) https://youtu.be/68m037cPEu0?si=XpuyyEzGfK1qWYRt

17) https://youtu.be/z4zlp9_aRQg?si=DR3lDYTt632E96a6

18) https://youtube.com/shorts/H_90n-QZU5Q?si=uLPScVXm81DqU6ds

---

1. https://youtu.be/XvcqdbEIO1M?si=GBlXg-c-O-7f09cR

VIIMEINEN VAROITUS: Et voi leikkiä tällä

Vapautuminen ei ole viihdettä. Se on sotaa.
    Luopuminen ilman katumusta on vain melua. Uteliaisuus ei ole sama asia kuin kutsuminen. On asioita, joista ei toivu huolettomasti.

Joten laske kustannukset. Vaella puhtaudessa. Vartioi porttejasi.

Koska demonit eivät kunnioita melua – ainoastaan auktoriteetteja.

www.ingramcontent.com/pod-product-compliance
Lightning Source LLC
Chambersburg PA
CBHW050340010526
44119CB00049B/621